하루 만에 끝내는 NFT 공부

하루 만에 끝내는

NFT
공부

Non-Fungible Token

유상희 지음

원에원북스

하루 만에 쉽게 읽는 NFT 입문서

"NFT?" "대체 불가능한 토큰?" "이게 뭐지?" 내가 처음 NFT를 검색해서 접했던 내용들은 생소함 그 자체였다. 설명은 나름 친절하게 되어 있었다. 그러나 내용은 이해하기 어려웠고, 하루에도 몇 번씩 업무 파악을 위해 자료를 찾아봤다. 그런데도 NFT에 관한 내용은 난생처음 보는 외계어 같았다.

그리고 더 생소했던 건 NFT의 가격이었다. "맙소사! 이게 이 가격이라고?" 나의 상식으로는 이해가 되지 않는 가격이었다. 이 가격을 보며 나만 이해하지 못하는 '이상한 나라'에 들어온 기분이었다. 물론 지금은 이해가 간다. 시초 NFT 등 이유가 있었으니 말이다. NFT에 관해 어느 정도 알고 있는 지금은 "왜 그때 사지 못했을까?"라는 후회가 남기도 한다.

NFT에 익숙한 사람들은 NFT 생태계에서 사용하는 신조어와 줄임말을 만들어 소통한다. 이제 막 NFT 세계에 발을 디딘 입문자에겐 당황스러울 수밖에 없다. '에드' '화리'와 같은 단어는 NFT를 처음 접하는 사람들에게는 생소할 것이다.

'에드'는 에어드랍Air Drop의 줄임말이다. 에어드랍은 NFT를 무료로 주는 걸 의미한다. '화리'는 화이트리스트Whitelist의 줄임말이다. 화이트리스트는 간단히 설명하면 '혜택을 받는 사람들'이라고 생각하면 된다. 블랙리스트Blacklist의 반대라고 생각하면 이해가 쉬울 것이다. 블랙리스트에 들면 혜택에서 제외된다. 그러나 화이트리스트에 들면 NFT 민팅을 할 수 있는 자격이 주어진다.

NFT를 처음 접하면 배워야 할 게 많다. 어디서 도움을 받고 싶지만, NFT 세계는 아직 폐쇄적인 경우가 많다. 그래서 스스로 학습해야 한다. 용기를 내 질문을 해도 쉽게 정보를 얻으려고 한다는 식의 답변이 올 뿐이었다.

내가 처음 NFT시장에 발을 내딛었을 때는 NFT의 초기 상황이었다. 각종 저서와 외국어 번역본이 나왔으나 막상 도움이 되는 자료가 많지 않았다. 그래서 나만의 방식으로 각종 단어 모음집과 블록체인 지갑을 만드는 방법, NFT 거래소에서 거래하는 방법 등을 정리하기 시작했다.

그런데 문제가 있었다. 나는 몇 달을 투자하며 공부해 NFT가 익숙해졌으나, 새로운 직원이 들어올 때마다 다시 반복해서 설명해야 했다. 그러나 하나에서 열까지 전부 설명해주고 이해시켜도 NFT를 이해하는 직원이 많지 않았다. NFT를 이해하기 어렵다며 퇴사하는 직원도 여럿 있었다.

그래서 내가 정리한 파일을 보여주며 신입사원 교육을 시작했다. 물론 처음엔 쉽지 않았다. 그래도 지속적으로 NFT에 대해 설명하고 각종 이슈를 다루며 함께 소통하기 시작했다.

이렇게 시간이 지나니 모두가 NFT에 관한 이슈로 대화를 나눌 수준이 되었다. NFT 까막눈으로 시작한 우리가 이렇게 적응한 모습이 뿌듯했다. 그때 생각했다. "NFT는 이해하고 보면 어려운 게 아닌데, 왜 이렇게 어렵다고만 생각했을까?" "한 번만 보면 이해되는 NFT 책은 없을까?" 부족하지만 이런 생각으로 책을 쓰기 시작했다.

이 책을 통해 NFT를 처음 접하는 사람들이 너무 어렵게 생각하지 않았으면 좋겠다. 나 또한 아무것도 모르고 시작했으나, 현재 상장기업의 자회사 임원으로 NFT를 기획하고 발행하는 일을 하고 있다. 벌써 세 번째 프로젝트가 오픈씨Opensea에서 운영 중이다. 또한 아주 멋진 글로벌 프로젝트도 준비하고 있다. 각종 자문과 강연, 인터뷰 문의가 들어오지만 NFT에 흠뻑 빠져 참여하지 못할 정도다.

알고 보면 너무 재밌는 NFT는 지금도 시시각각 변하고 있다. 스캠Scam과 러그풀Rug Pull 등 사기도 많아지고 있으며, 무료 민팅 등 새로운 생태계의 변화가 일어나고 있다. 물론 그 트렌드를 읽는 것도 재밌는 과정 중 하나다.

　처음 NFT를 배우는 게 쉬운 일은 아니다. 그러나 새로운 경험이 쌓이고 쌓이면 성장할 수 있다고 생각한다. 바라건대 이 책이 NFT에 입문하는 모든 사람에게 친절한 안내서가 되었으면 좋겠다.

유상희

차례

1부 | NFT의 무한한 가능성

2부 | NFT, 누구나 시작할 수 있다

3부 | NFT의 현주소

NFT 용어, 이 정도는 알고 시작하자

많은 사람이 NFT에 입문하면서 가장 어려워하는 게 '용어'다. 커뮤니티나 유튜브에서도 알 수 없는 단어와 줄임말로 대화가 이어진다. 물론 이 중 전부가 NFT 용어는 아니지만, NFT 관련 업계에서 많이 사용된다. 나 또한 이 부분을 파악하는 게 굉장히 수고스러웠던 기억이 있다. 그래서 책을 쓰게 된다면 이 부분을 가장 먼저 설명하고 싶었다.

친절하고 세세한 NFT 용어사전

코인

독립된 블록체인 네트워크(메인넷)를 소유한 경우다. 자체 네트워크로 독립적인 생태계를 구성한다.
ex) 이더리움, 클레이튼 등

토큰

독립된 블록체인 네트워크를 소유하지 않은 경우다. 다른 코인의 메인넷 위에서 개별적으로 목적을 갖고 있다. 현재 많은 토큰이 자체 메인넷을 개발해 이동 중에 있다.

홀더

NFT를 구매하고 소유하고 있는 사람을 일컫는 말이다.

민팅

NFT의 생성, 발행 등을 의미하기도 하며 NFT를 최초 발행해 구매하는 행위를 말한다.

화이트리스트

NFT를 구매할 수 있는 명단이다. 'WL'로 줄여 부르기도 한다. 명단에는 있지만 선착순으로 구매 가능한 '경쟁화리', 처음부터 정해진 '확정화리'가 있다.

OG

'Original Gangster'의 약자다. 커뮤니티 초기에 유입된 강성 유저들을 부르는 말이다. 화이트리스트보다 더 강력한 혜택이 주어질 때가 있다.

스냅샷

NFT를 소유한 홀더들의 명단을 확인하는 것이다.

PFP

'Picture For Profile'의 약자다. NFT의 한 종류로 BAYC, 크립토펑크 등이 여기에 해당한다. 제너레이티브 아트가 적용된다.

제너레이티브 아트

영어로 'Generative Art'다. 알고리즘을 이용한 프로그램으로 랜덤 조합해 다양한 경우의 수의 작품을 생성하는 방식이다.

메타버스

'가공'을 의미하는 메타(Meta)와 '현실세계'를 의미하는 유니버스(Universe)의 합성어다. 현실세계에서 이뤄지는 활동이 가능한 디지털 가상공간을 말한다.

에어드랍

하늘에서(Air) 투하하는(Drop) 걸 뜻하는 말이다. 무상으로 지급하는 걸 의미한다.

P2E

'Play to Earn'의 약자다. 게임 하면서 돈을 버는 걸 말한다. 엑시인피니티가 많이 알려졌다.

M2E

'Move to Earn'의 약자다. 움직 이면서 돈을 버는 걸 말한다. 스테픈(Stepn)으로 많이 알려진 개념이다.

FP

'Floor Price'의 약자다. 바닥 가격을 뜻한다. 거래되는 NFT 의 가장 낮은 가격이다.

토크노믹스

토큰(Token)과 경제학(Economics)의 합성어로 토큰의 경제생태계를 말한다. 토크노믹스는 블록체인 프로젝트의 생태계를 결정하는 매우 중요한 요소다.

ATH

'All Time High'의 약자다. 역대 가장 높은 가격을 뜻한다.

챗굴

'채팅+채굴'의 합성어다. OG, WL 권한 등을 얻거나 이벤트 시 사용된다.

래플

에어드랍 이벤트를 할 때, 추첨(Raffle)하는 것을 뜻한다.

핸드픽

프로젝트와 관련된 특정 혜택을 개발팀이나 커뮤니티 운영자 등이 직접 선정하는 것을 말한다.

AMA

'Ask Me Anything'의 약자다. 개발자 측과 홀더들의 궁금증을 해소해주는 대화의 시간을 뜻한다. 질의응답(Q&A)과 비슷하다.

가스

블록체인 네트워크 거래 시 발생하는 수수료를 말한다.

블록높이

영어로 'Block Height'이다. 블록체인 네트워크에서 시간과 비슷한 개념이다. 블록높이로 민팅 일정을 정하기도 한다.

트랜잭션

영어로 'Transaction'이다. 블록체인상의 계좌 송금 내역을 말한다.

리스팅

판매를 위해 NFT를 거래소에 등록하는 것을 말한다.

거버넌스

NFT 홀더들의 의사결정 모임이다. NFT 생태계의 중요 결정에 관한 투표가 투명하게 이뤄진다.

핑프

핑거 프린스(Finger Prince), 핑거 프린세스(Finger Princess)의 줄임말이다. '손가락을 움직이는 행위조차 귀찮은 사람'을 일컫는다. 쉽게 답을 찾으려 한다는 부정적인 의미로 사용된다.

고래

NFT를 많이 매집하는 투자자를 부르는 단어다. NFT 큰손들을 고래라고 부른다.

리빌

'밝혀지다(Reveal)'라는 뜻으로, 구매 후 일정 시간이 지나 공개되는 것을 뜻하는 단어다.

마이닝

'채굴'과 같은 의미다. 일정 조건이 충족되면 코인이 지급되는 것이다.

디파이(DeFi)

'Decentralized Finance'의 약자다. 블록체인 기술을 활용한 탈중앙화 금융 서비스를 말한다. 저비용, 고효율 서비스가 장점이다. 다만 관련된 코인마다 리스크가 있을 수 있으니 신중해야 한다.

덱스(DEX)

'Decentralized Exchange'의 약자다. 탈중앙화 거래소를 뜻한다. 개개인이 코인을 교환하는 시스템이다.

다오(DAO)

'Decentralized Autonomous Organization'의 약자다. 탈중앙화 자율조직을 뜻한다. 쉽게 말해 '공동투자 자율조직 모임'이다.

스테이킹

NFT를 예치하면 코인을 에어드랍해주는 투자 방식(코인에서 먼저 시작됨)이다.

포모(FOMO)

'Fear Of Missing Out'의 약자다. 특정 자산의 시세나 시장 분위기가 좋아서 많은 사람이 수익을 보고 있는데, 자신은 그러지 못할 것 같은 불안한 심리를 나타낸다. 이걸 이용한 마케팅도 있다.

글림

트위터, 디스코드, 텔레그램, 유튜브 등 자동으로 기록되는 플랫폼을 말한다. 원클릭 서비스와 커뮤니티 이벤트에서 많이 활용된다.

벽타기

커뮤니티에 올라오는 글이 많아서 안 읽은 글이 쌓였을 때 쭉 읽어보는 것이다.

퍼드(FUD)

'Fear, Uncertainty, Doubt'의 약자다. 공포심이 자극되는 잘못된 정보를 퍼뜨리는 걸 말한다.

러그풀(Rug Pull)

프로젝트가 중지되어 진행되지 않는 걸 말한다. 파산해 잠적하는 경우도 해당된다.

스캠(Scam)

부정적인 의미로 사용되며, 보통 '사기'를 의미한다.

TBA

'To Be Announced'의 약자다. 곧 발표가 날 것이라는 뜻이다.

TBC

'To Be Confirmed'의 약자다. 추후 확정됨을 뜻한다.

TBD

'To Be Determined'의 약자다. 조만간 결정됨을 뜻한다.

멘징

'복구하다.'라는 뜻으로 사용된
다. '본전'이라는 의미도 있다.

디앱(DApp)

'Decentralized Application'의
약자다. 블록체인 플랫폼을 기
반으로 작동하는 앱을 말한다.
ex) 클레이튼체인 기반으로 제작
된 앱은 클레이튼체인으로 기록
되고 운영된다.

모더

커뮤니티 구성원 중 운영자를
모더레이터(Moderater)라고 부른
다. 줄여서 '모더'다. 커뮤니티
참여자는 이들에게 질문하고
답변을 받는다.

백커(Backer)

투자사를 뜻한다. 정보가 없는
NFT를 파악할 때 유명한 백커
의 투자 여부도 중요하다.

1부

NFT의
무한한 가능성

어떤 사람은 NFT가 '그들만의 리그'라고 생각한다. 그래서 나와는 상관없다고 생각하고, 배우려고도 하지 않는다. 그러나 알고 보면 '나'만 빼고 모든 사람이 NFT 에 집중하고 있다. 이제 NFT는 모든 분야로 뻗어나가고 있다. 내가 NFT에 관심이 없더라도, NFT는 이내 여러분 의 안방까지 들어오게 될 것이다. 인터넷과 스마트폰이 그랬던 것처럼 말이다.

NFT에
주목해야 하는 이유

점점 성장하고 있는 NFT 시장 ■■■■

NFT는 암호화된 블록체인 기술을 이용한 '대체 불가능한 토
큰'이다. 그래서 영어로 'Non-Fungible Token', 즉 NFT라고 부른
다. 여기서 'Fungible'은 '대체 가능한'이라는 뜻이다. 그런데 'Non-
Fungible'이니 '대체 불가능한'이 된다. NFT는 이름에 담겨진 뜻처
럼 암호스럽다. 그런데 우리는 왜 NFT에 주목해야 할까?

현재 글로벌 NFT 유저의 수는 점점 증가하고 있는 추세다. 그리고 각종 지적재산권(IP)을 보유한 기업들이 NFT시장에 접근성을 높이고 있다. 이제 NFT는 더 이상 전문가나 특정 마니아의 영역이 아니다.

2021년 6월 글로벌 NFT 보유자 수는 50만 명에 불과했지만, 매달 빠르게 늘어나 2022년 6월에는 247만 명에 달했다. 불과 1년 만에 약 5배가 증가한 것이다. 이런 추세는 꺾이지 않을 것으로 보인다.

또한 기업들이 빠른 속도로 NFT 기술을 업계에 접목시키고 있다는 점도 주목할 필요가 있다. NFT는 고유성과 희소성을 지

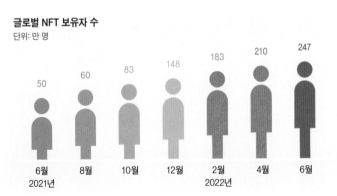

글로벌 NFT 보유자 수
단위: 만 명

50	60	83	148	183	210	247
6월 2021년	8월	10월	12월	2월 2022년	4월	6월

출처: NETGO

켜주며 판매 이력, 소유권을 포함한 모든 정보를 담을 수 있다. 기업들은 이런 NFT의 특성을 이용해 적극적으로 마케팅에 나서고 있다. 현재 NFT를 활용해 마케팅을 하고 있는 기업들을 살펴봐도 마켓 사이즈가 기하급수적으로 커지고 있다는 걸 실감할 수 있을 것이다.

그렇다면 기업이 어떻게 NFT를 활용하고 있는지 살펴보자. 여러 사례가 있겠지만, 특별히 눈여겨볼 만한 사례로는 아래와 같은 곳들이 있다.

NFT를 접목한 기업의 사례 ■■■■

❶ LG유플러스

LG유플러스는 국내 통신사 중 최초로 NFT시장에 진출을 선언했다. NFT 사용자의 커뮤니티를 강화하며 향후 메타버스 사업과 결합할 것을 예고한 것이다. 특히 자체 캐릭터 '무너'를 통해 MZ세대와 소통하려는 행보를 보이고 있다. LG유플러스는 '질풍노도 무너 사원'을 모티브로 요일별 직장인의 감정을 표현한 NFT를 발행하기도 했다. 이 NFT는 MZ세대에게 많은 인기를 끌었다. LG유플러스는 커뮤니티에서 사전 예약을 진행해 NFT 사용자와의 소통도 강화하고 있다.

NFT는 모든 투자시장 중 단연 높은 커뮤니티 이용률을 자랑한다. 커뮤니티는 24시간 열려 있고, 유저들은 직접 소통하며 의견을 제시한다. 이렇게 NFT 생태계는 직접적인 참여가 가능하다.

NFT에 관해 알아가다 보면 '거버넌스Governance'라는 단어를 접하게 될 것이다. 거버넌스는 영어 단어 그 자체로 '통치, 협치'라는 뜻을 갖고 있다. NFT에서 말하는 거버넌스는 '협치' 쪽에 더 가깝다. 중앙에서 통치를 받는 형태가 아니라, 탈중앙의 형태다. 통제 없이 모든 사람과 연결되어 있으며, 각각 독립적이다. 따라서 NFT 생태계는 자유로운 참여와 의사소통이 장점으로 부각된다. 이런 자유로움 덕분에 많은 사람이 NFT 커뮤니티에 참여한다. 특히 MZ세대의 참여가 독보적이다.

최근에는 이런 거버넌스 중 하나인 다오DAO 등을 이용해 NFT 생태계를 구성하는 재단이 많아졌다. 유저들은 더 빠르고 쉽게 정보를 얻을 수 있고, 자신과 같이 NFT를 구매한 유저들을 보며 소속감도 느낄 수 있다. 유대감과 소통이 빠른 NFT 커뮤니티를 이용하겠다는 기업의 마케팅 방향성이 돋보인다.

온라인 커뮤니티를 활용한 마케팅에 NFT는 아주 좋은 선택이다. 유저 스스로 자율적인 배포와 홍보가 된다. 커뮤니티의 유대감이 강하니 제품에 관한 정보 공유, 새로운 의견·나눔이 활발하다. 그리고 공유된 정보는 주위 사람에게 퍼져나간다. 앞으로 이런 기업의 마케팅은 더욱 증가할 것으로 보인다.

❷ 코빗

국내 가상거래소인 코빗Korbit에서는 회사 임직원을 대상으로 NFT를 발행해 지급했다. 사원증을 NFT로 발행해 지급한 것이다. 일반인이 봤을 땐 사내 이벤트 정도로 생각하기 쉽다. 그러나 이 사례는 평범할 수도 있는 사원증의 의미를 다르게 해석한 사례로 주목받고 있다.

이 NFT 사원증을 받은 임직원은 회사에 대한 애사심이 높아질 수 있고, 직접 NFT와 메타마스크와 같은 지갑을 생성해보면서 NFT에 대한 이해도도 높일 수 있다. 이런 점에서 NFT 사원증은 좋은 기획이었다고 생각한다. 직접 경험하는 것만큼 좋은 건 없으니 말이다.

픽셀아트로 제작된 NFT 사원증은 개성이 넘치지만 친근한 느낌으로 디자인되었다. 직원들은 나만의 NFT를 소유한다는 기분 좋은 경험을 함께 공유할 수 있었다. 오세진 코빗 대표는 "이번 기회를 통해 임직원들이 자신의 개성이 담긴 NFT를 소유해보고 개인 지갑에 대한 이해를 높였으면 한다."라며 앞으로도 친근한 사내 이벤트를 통해 재밌는 기업 문화를 만들겠다고 말했다.

이렇듯 최근 NFT에 대한 기업들의 관심이 높아지면서 임직원을 대상으로 한 교육도 늘고 있다. 또한 교육뿐만 아니라 관련 인력을 채용해 NFT 분야에 적극 뛰어들고 있다.

제일기획은 NFT 사업에 본격적으로 진출하면서, 관련 인력을 채용하기도 했다. 해외 석·박사를 대상으로 경력직을 모집했으며, 채용 대상자는 블록체인 플랫폼 아키텍처 설계 및 프로젝트 수행, NFT 발행 및 마켓플레이스(옥션 포함) 설계 및 구축 프로젝트를 수행하게 된다. 특히 블록체인 플랫폼 기반 애플리케이션 설계·개발, NFT 발행, 블록체인 메인넷, 암호화폐 관련 개발 경험을 선호한다고 공고에 명시했다.[*]

이렇듯 현재 기업들은 앞다퉈 NFT와 가까워지기 위해 노력하고 있다.

---

[*] 정민하, '제일기획, NFT사업 본격 진출', 조선비즈, 2022년 3월 21일

LG유플러스는 '무너' 캐릭터를 통해 MZ세대와 소통하고 있다(출처: MOONO NFT 홈페이지)

코빗은 임직원에게 NFT 사원증을 지급해 NFT 이해도를 높이고 있다(출처: 오픈씨 홈페이지)

❸ LG생활건강

NFT는 어디에나 접목해 사용할 수 있다. 발행하는 사람의 기획 의도에 따라 예술작품이 될 수도, 상품이 될 수도 있다. LG생활건강은 NFT를 발행해 NFT를 소유한 홀더에게 샴푸를 증정하는 이벤트를 실시했다. 보통 제품의 홍보는 소비자들에게 물품을 직접 줌으로써 이뤄지는 경우가 많았다. 그러나 LG생활건강은 직접적인 물품 대신 NFT를 이용해 홍보를 실시한 것이다.

NFT 홀더는 NFT를 보유하게 된 순간 자신의 NFT를 탐구하게 된다. 이건 NFT의 생리 중 하나다. LG생활건강은 이런 NFT의 생리를 이해하고 있었기에 두 마리 토끼를 다 잡은 것이다. 홀더는 NFT 탐구를 통해 해당 제품에 관해 알게 되고, 직접 샴푸를 받아 사용해봄으로써 그 효능을 체험하게 된다.

샴푸 NFT를 구매한 후 샴푸를 받는다는 건 단순히 생각해보면 기프트 카드Gift Card와 유사하다고 생각할 수도 있다. 기프트 카드를 가져가면 가게에서 물건으로 교환해준다. 단순히 보면 이것과 같다고 생각할 수 있다.

그러나 다른 점이 있다. 샴푸를 수령한 후에도 내 지갑에는 샴푸 NFT가 남아있다. 고객은 이 NFT를 통해 지속적으로 상품에 관심을 갖게 되고, 주변에 홍보도 하게 될 것이다. 이러한 이유로 NFT를 활용한 기업의 마케팅은 증가하고 있다.

❹ 애비뉴 포시

한 병에 32억 원이 넘는 샴페인이 있다면 믿을 수 있겠는가? 최근 이탈리아의 투자자인 조반니 부오노와 피에로 부오노 형제는 프랑스 샴페인 브랜드 애비뉴 포시Avenue Foch의 '2017 매그넘 2.5'를 약 32억 원에 구매했다. 이 샴페인이 이렇게 가격이 높은 이유는 샴페인에 인쇄된 NFT 때문이었다.

이 샴페인의 외부에는 가장 비싸고 유명한 NFT인 'BAYC The Bored Ape Yacht Club'가 인쇄되어 있었다. 이 NFT는 유명 셀럽들이 보유해 프로필 사진으로 해놓는 것으로 유명하다. 애비뉴 포시는 단순히 비싼 와인에 NFT를 부착하는 것만으로 큰 수익을 냈다. 물론 부오노 형제가 이 와인을 마시려고 산 건 아닐 것이다. 32억 원짜리 와인을 마실 수가 있겠는가? BAYC가 부착된 것만으로도 소장 가치가 있고, NFT의 인기가 높아질수록 와인의 가격은 더 높아질 것이다.

Dr. Groot
GENERATIVE NFT

지금부터 닥터그루트의 모험을 담은
2,000개의 NFT를 소개합니다!

SOLD OUT!

MINTING

LG생활건강에서 발행한 실물 연계형 NFT인 '닥터그루트'(출처: LG생활건강 홈페이지)

프랑스 샴페인 브랜드 '애비뉴 포시'가 판매한 NFT가 부착된 와인.
이 샴페인은 세상에서 가장 비싼 샴페인이 됐다(출처: 오픈씨 홈페이지)

❺ 롯데홈쇼핑

2022년 여름 최고의 포토 스팟은 단연 '벨리곰'이 있는 곳이었다. 사람들은 연인끼리, 친구끼리 벨리곰과 함께 사진을 찍기 위해 모여들었다. 벨리곰은 롯데홈쇼핑이 MZ세대를 겨냥해 만든 캐릭터다. 경험을 중시하는 MZ세대가 쇼핑의 주축으로 자리매김하며 그들의 성향에 맞게 캐릭터를 제작하게 된 것이다.

특히 이 캐릭터는 MZ세대 직원들을 대상으로 한 사내 프로그램에서 만들어져 더욱 화제가 되었다. MZ세대에게 맞는 캐릭터는 MZ세대가 만들어야 한다는 생각이었을 것이다.

롯데홈쇼핑은 이후 한창 인기를 끌고 있는 벨리곰 IP에 멤버십 혜택을 연계해 NFT도 출시했다. 롯데홈쇼핑은 1~2차 화이트리스트 세일(사전 예약자 대상), 3차 퍼블릭 세일(일반 고객 대상)을 합쳐 9,500개 전량을 완판했다.

해당 NFT를 보유한 사람은 롯데계열사의 혜택을 받을 수 있다. 혜택은 등급에 따라 다르다. 2022년 9월 기준 가장 높은 등급의 NFT는 약 3,500만 원에 달했고, 가장 낮은 등급은 10만~20만 원이었다. 다소 비싸다고 생각할 수도 있지만, 주어지는 혜택은 만만치 않다. 가장 높은 등급의 경우 롯데 시그니엘 호텔 숙박권 2장과 롯데호텔 월드 숙박권 2장, 샤롯데씨어터 특수관 쿠폰 2장을 6개월마다 받을 수 있었다. 이 외에도 다양한 혜택을 받을 수 있었다.

더욱이 보유하고 있는 NFT와는 별개로 혜택을 받을 수 있다는 점도 장점이다. NFT는 나중에라도 팔면 된다. 다만 혜택이 바뀔 수도 있으니 항상 관심을 가져야 한다.

❻ 신세계백화점

개인적으로 최근 가장 핫한 NFT 프로젝트는 푸빌라Puuvilla라고 생각한다. 푸빌라는 신세계백화점이 네덜란드의 유명 작가 리케 반 데어 포어스트Lieke van der Vorst와 협업해 발행한 NFT 프로젝트다. 클레이튼체인 기반의* 프로젝트이며, 민팅 전부터 소셜 미디어 등에 총 9만 명의 유저가 유입되는 등 엄청난 관심을 끌었다.

이 '푸빌라 소사이어티'라는 커뮤니티는 1초 만에 1만 개의 NFT를 완판시킬 정도로 핫한 커뮤니티가 되었다. '푸빌라 소사이어티'에는 총 6개의 등급이 있으며, 등급에 따른 월별 혜택이 존재한

---

* '~체인 기반'이라는 말이 어렵게 느껴질 수 있다. 그러나 간단하다. 해당 블록체인을 언어라고 생각해보자. 그러면 '~체인 기반'이라는 말은 어떤 언어로 NFT를 만들지 결정하는 정도의 의미라고 보면 된다. 체인마다 알고리즘과 체계가 다르다. 그래서 다르게 사용하는 것이다. 뒤에서도 반복해서 나오는 말이니 잘 기억해두자.

롯데홈쇼핑이 MZ세대를 겨냥해 만든 '벨리곰'(출처: 롯데홈쇼핑 홈페이지)

신세계백화점이 네덜란드의 유명 작가와 협업해 발행한 NFT 프로젝트인
'푸빌라 소사이어티'(출처: 푸빌라 소사이어티 홈페이지)

다. 백화점 무료 주차권이나 음료 쿠폰 등 멤버십 혜택과 비슷한 혜택을 받을 수 있다. 여기까지 보면 사실 앱을 다운받거나 카드 구입 시 받는 혜택과 큰 차이가 없어 보인다.

그러나 혜택들은 중복으로 이용이 가능하며 등급에 따라서 VIP 혜택도 받을 수 있다. 신세계백화점은 이 NFT를 통해 총 1만 명의 홀더를 백화점으로 자연스럽게 유입시켰다. 그리고 이들에게 혜택을 줘 매출 증대로 이어지게 했다. 기업과 고객 모두에게 이익이 되는 프로젝트라고 생각한다.

또한 신세계백화점은 총 12개 기업의 NFT 프로젝트를 한눈에 볼 수 있게 '센텀 NFT 페스티벌'을 열기도 했다. 그리고 다양한 NFT 전시회도 개최했다. 향후 기업의 인프라를 활용한 사용처 확대 등 '로드맵 2.0'도 공개한다고 한다. 대기업의 NFT 중 가장 잘 기획되고 발행된 NFT인 것 같다. 그러나 개인적으로는 2차 저작권이 관대하지 않아 아쉽다.

기업들은 NFT 커뮤니티를 사업에 접목하고 있다.

NFT 커뮤니티는 24시간 열려 있고,

유저들이 서로 소통하며 의견을 제시한다.

앞으로 경험을 중시하는 MZ세대의

참여가 더욱 활발해질 것이다.

②
돈이 몰리는
NFT시장

NFT는 주식과 코인에 이어 각광받는 투자처가 되고 있다. 한 마디로 말해 힙한 재테크 수단이 된 것이다. 실제로 NFT시장은 2021년 기록적인 성장을 보였다. 대표적인 탈중앙 애플리케이션 데이터 플랫폼인 '댑레이더DappRadar'에 따르면 NFT 거래액은 2021년 1분기 12억 3,000만 달러에서 4분기 119억 달러로 껑충 뛰었다고 한다. 2022년 1월 NFT 거래액은 35억 달러를 넘어서며, 2022년 최대 기록을 세울 것이라는 전망도 나왔다.

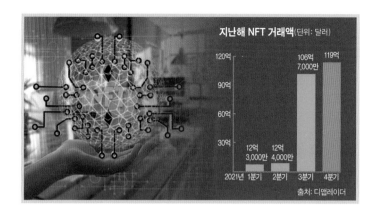

지난해 NFT 거래액(단위: 달러)

출처: 디앤레이더

셀카를 활용해 NFT를 제작한 뒤 판매한 흥미로운 사례도 나타났다. 인도네시아 대학생인 술탄 구스타프 알 고잘리는 2017년부터 2021년까지 매일 찍은 '셀카(셀프카메라)'를 '고잘리 에브리데이 Ghozali Everyday'라는 이름의 NFT로 제작했다. 그리고 NFT 거래 플랫폼 오픈씨에 올렸다.

유명인도 아니고 아무 가치도 없어 보이지만, 이 NFT는 무표정한 표정이 SNS를 통해 입소문이 나면서 993개 모두 판매됐다. 처음 이 NFT는 3달러 가량으로 가격이 책정됐다. 그러나 이후 인기를 몰면서 1장당 0.247이더리움에 거래됐다. 이 금액은 판매 당시 806달러에 상당하는 금액이다. 고잘리가 이렇게 번 돈은 한화로 계산하면 14억 원이 조금 넘는다.*

---

* 송유근, '내 셀카도 돈이 된다고?… NFT 재테크 뜨겁다', 문화일보, 2022년 3월 16일

이렇듯 NFT시장은 일반인도 쉽게 접근할 수 있다. 별 볼 일 없는 NFT일지라도, 사람들의 관심을 끌기만 하면 팔릴 수 있다. 우리가 NFT시장에 관심을 가져야 할 충분한 이유다.

또한 코로나19로 인해 비대면 플랫폼 사용이 많아지면서, 메타버스가 성장했다. 메타버스의 성장은 앞으로 NFT를 생활의 필수 요소로 만들 것이다. 가상세계인 메타버스에서 NFT 기술은 필수적이다. 블록체인 기술을 이용한 NFT는 메타버스 내에서 거래가 가능하게 만들어주며, 위변조를 막아준다. 지금 NFT는 새로운 투자처로 주목받고 있고, 자금이 몰리고 있다. 당신은 이 상황을 지켜만 볼 것인가?

NFT는 일반인도 쉽게 접근할 수 있다.

별 볼 일 없는 NFT일지라도,

사람들의 관심만 끌면 팔 수 있다.

그래서 NFT란
무엇인가?

한 예술가로부러 시작 ■■▮▮▮

NFT는 뉴욕대학교에서 예술을 가르치던 디지털 아티스트인 케빈 맥코이Kevin Mccoy가 최초로 만들었다. 맥코이는 2014년 사상 첫 NFT인 '퀀텀Quantum'을 만들었다. 그리고 블록체인에서 민팅했다. 처음에는 예술가들이 자신의 디지털 작품을 팔고, 그걸 추적할 수 있게 하려는 의도였다. 맥코이는 방법을 찾던 중 '비트코인'

을 활용하기로 마음먹었다.

물론 멕코이는 자신의 기술을 고도화하기 위해 뉴욕 기반 디지털 예술 조직인 '라이좀Rhizome'의 도움을 받기도 했다. 7년이 지나 2021년 6월 최초의 NFT '퀀텀'은 소더비 경매에서 140만 달러에 낙찰됐다. 한화로 약 20억 원에 달하는 금액이었다.

NFT는 블록체인 기술의 산물 ■■▮▮▮

그렇다면 NFT란 무엇인가? 아직도 감이 안 잡힐 수도 있다. 그래서 구체적으로 설명해보겠다. 나도 처음에는 너무 막연하고 어려운 것 같다고 생각했다. 그런데 자세히 살펴보니 쉬운 표현이라는 생각이 들었다. NFT를 간단히 설명하면 아래와 같다.

- 블록체인 기술로 위변조가 불가능한 고유값을 지닌 디지털 토큰
- 소유권과 거래내역이 투명하게 기록되고 저장되어 신뢰성이 높은 디지털 자산

아마 대부분의 사람은 여기에서 '블록체인'이 무엇인지 궁금증이 생길 것 같다. 사실 NFT는 블록체인 기술의 산물이라고 말해도 과언이 아니다. 블록체인 기술은 데이터를 수많은 컴퓨터에 동시에 복제해 저장하는 '분산형 데이터 저장 기술'이다.

기존에는 데이터를 중앙 집중형 서버에 보관했다. 그래서 해킹이 발생하면, 큰 피해가 발생했고 위변조의 위험도 컸다. 그러나 블록체인 기술을 사용하면 해킹이 불가능하고, 위변조의 위험도 적어진다. 왜냐하면 수많은 데이터에 원본이 존재하기 때문이다. 아마도 앞으로 블록체인 기술이 활용되는 분야는 더욱 확장될 것이다. '신뢰'가 필요한 곳에는 블록체인 기술이 모두 도입될 것 같다.

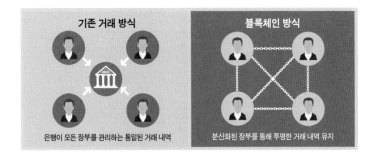

좀 더 자세히 설명해보겠다. 앞의 이미지는 우리가 현재 하고 있는 '기존 거래 방식'을 나타낸다. 중앙에 은행과 같은 중앙기관이 존재한다. 그리고 각 개인은 중앙기관에 일방향으로 정보를 제공한다. 모든 정보를 중앙기관에서 갖고 있기에 해킹이 발생하면 큰 피해가 발생한다.

그러나 '블록체인 방식'은 다르다. 중앙기관이 존재하지 않는다. 각 개인이 정보를 데이터의 형태로 공유하고 있다. 통합 서버가 따로 없기에 해킹의 위험이 적다. 그리고 모든 사람에게 원본이 존재해 위변조도 불가능하다.

모든 생활에 녹아들고 있다 ■■■■

NFT가 보급되고 모든 게 디지털로 직거래될 수 있는 시장이 형성됐다. 이제 생필품조차 NFT로 거래하는 시대가 다가오고 있다. 이렇다 보니 많은 사람에게 NFT는 주식과 코인에 이어 떠오르는 투자처가 되고 있다.

NFT를 더 쉽게 설명한다면, 온라인상의 '부동산등기부등본'이라고 생각하면 쉬울 것 같다. 발행일, 소유주, 거래내역 등이 모두 기록되기에 어떤 거래가 있었는지 확인해볼 수 있다. 즉 소유권의 증명이 쉬운 것이다.

지갑의 주소, ID 등이 블록체인 기술로 NFT에 기록된다. NFT 화된 디지털상의 원본은 인터넷만 연결되어 있으면 누구나 쉽게 확인이 가능하다. 간단하게 소유권 인증과 원본 증명이 가능하다. 오프라인에서 주로 이뤄지던 소유권 인증이 이제 웹 3.0 시대가 오면서 온라인에서도 필요한 시점이 되었다. 그에 맞춰 NFT가 주목받게 된 것이다. 이제 우리 생활권은 NFT로 인해 새로운 변화를 맞이하고 있다.

NFT가 보급되고 모든 게 디지털로

직거래될 수 있는 시장이 형성됐다.

이제 생필품조차 NFT로 거래하는

시대가 다가오고 있다.

4

한눈에 살펴보는
NFT의 종류

다양하게 활용 가능한 NFT ▰▰▰▰

NFT는 고유의 가치에 희소성을 부여한다. 이 점이 NFT를 볼 때 가장 흥미로운 부분이다. 장르 및 사용처가 국한되지 않기에 다양한 카테고리에서 응용이 가능하다. 해외에서는 이미 스포츠, 미술, 엔터테인먼트, 게임까지 다양한 분야에서 NFT를 적용하고 있다. 사용처도 점점 늘어나고 있으며, 커지는 시장 규모에 맞춰

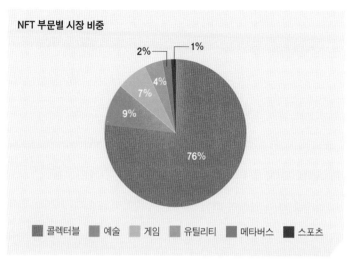

NFT 부문별 시장 비중

2% 1%
4%
7%
9%
76%

■ 콜렉터블 ■ 예술 ■ 게임 ■ 유틸리티 ■ 메타버스 ■ 스포츠

출처: NonFungible.com

지속적으로 사용자가 유입되고 있다. 그렇다면 NFT의 종류는 무엇이 있을까?

NFT의 종류 ■■■■▮

❶ PFP(Picture For Profile)

PFP는 프로필 사진 방식의 NFT다. 많은 NFT가 이미 PFP 방식으로 발행됐고 크게 성공한 사례도 굉장히 많다. PFP는 제너레이티브 아트 형태인데, 제너레이티브 아트란 컴퓨터 알고리즘을 통해 자체적으로 생성되는 아트를 말한다. 그림 내에 몇 가지 특성을 설정하고, 희귀성 퍼센트(%)를 설정한 후, '제너레이티브' 버튼을 누르면 랜덤하게 이미지가 생성된다.

PFP라고 하면 제일 먼저 생각나는 이름은 '크립토펑크$_{Cryptopunks}$'와 'BAYC'다(이 둘에 관한 얘기는 뒤에서 더 자세하게 하자). 대부분 그림의 형태를 하고 있으며 최근 MP4로도 제작되고 있다. PFP는 발행한 카테고리 안에서 겹치는 게 없다는 특징이 있다. 그리고 NFT에 블록체인 기술을 이용해 각 개체마다 희소성을 부여한다.

최근 '인스타그램'에서는 메타마스크 등 암호화폐 지갑을 지원해 프로필 사진에 NFT를 나타낼 수 있게 할 예정이라고 발표했다. NFT 홀더들을 인스타그램이라는 플랫폼에 유입시키겠다는 의도로 보인다. 기존에 인스타그램을 활발하게 사용하지 않은 사람이라도, 자신의 NFT가 프로필에 나타난다면 많은 관심을 보일 것이다. 이런 흐름에 힘입어 앞으로 PFP가 증명사진을 대체할 날도 올 수 있지 않을까?

Cryptopunks / 6095

CryptoPunk 6095
One of 6039 Male punks.

Attributes
This punk has **2 attributes**, one of 3560 with that many.

 **Elon Musk** ✔
@elonmusk

I dunno ... seems kinda fungible

트윗 번역하기

오후 8:03 · 2022. 5. 4. · Twitter for iPhone

리트윗 **1,503**회 인용한 트윗 **284**회

❷ 가상공간 NFT

우리 세대는 달에 땅을 사고, 소행성을 사고판다는 얘기만 들어도 신기하게 생각했다. 그런데 이제는 가상공간에 땅을 분양받는 시대다. 메타버스가 상용화되면서 '더 샌드박스The Sandbox'나 '디센트럴랜드Decentraland' 같은 가상공간 형태의 NFT가 주목받고 있다. 쉽게 말하면 가상공간의 디지털 땅문서라고 할 수 있다.

메타버스 안의 가상공간을 분양받고, 거기에 나만의 공간을 갖게 되는 것이다. 복잡한 서류를 바리바리 싸들고 부동산에 가지 않아도 된다. NFT로 내 지갑에서 내 땅의 소유권을 확인할 수 있다. 코로나19로 메타버스 시장이 커지면서 NFT는 가장 매력적인 재테크 방식 중 하나로 급부상하고 있다.

국내 기업들도 메타버스 안의 가상공간을 구매하고 파트너십을 체결하고 있다. 자신들의 콘텐츠 IP 사업의 범위를 확대하기 위함이었다. 또한 구입한 가상공간은 부동산처럼 전세를 주거나 임대로 입주가 가능하다.

랜드Land형 NFT는 '가상공간형'과 현실에 모티브가 있는 '모방형'으로 나뉜다. 대표적인 가상공간형으로는 더 샌드박스, 디센트럴랜드가 있다. 모방형으로는 어스2Earth2와 클레이랜드Klayland를 들 수 있다.

메타버스는 인간의 무한한 상상력이 현실화될 수 있는 곳이다. 앞으로 이곳에서 어떤 일이 벌어질지 아무도 예측할 수 없다. 그 만큼 기업도 메타버스를 기회의 땅으로 바라보고 있다. 그래서 점차 사업 범위를 가상공간으로 확장하고 있다.

특히 국내기업 중에선 '더 샌드박스'를 구매하는 기업이 많아지고 있다. 아마도 시공간을 초월한 특별한 마케팅을 고려하는 것으로 보인다. 또한 전 세계 소비자를 대상으로 홍보가 가능하다는 점도 매력으로 작용했을 것이다.

예를 들어 롯데월드는 최근 더 샌드박스와 MOU를 체결해 롯데월드만의 콘텐츠를 가상세계에 구현하고자 했다. 롯데월드의 콘텐츠 IP 라이선스를 활용해 글로벌 NFT 게임을 개발하고, 오프라인 초청 행사도 진행해 현실과 가상세계를 넘나드는 마케팅을 진행할 것이다. 이미 롯데월드는 메타버스 플랫폼 '제페토$_{Zepeto}$'를 활용해 성과를 얻은 만큼 앞으로 어떤 행보를 보일지 기대된다.

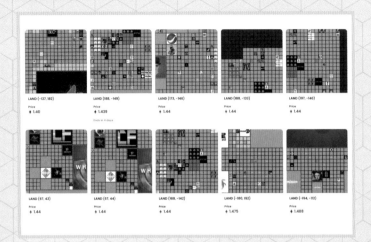

오픈씨에 올라와 있는 더 샌드박스의 랜드(출처: 오픈씨 홈페이지)

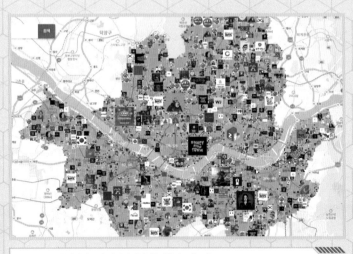

클레이랜드 홈페이지에서 확인할 수 있는 랜드(출처: 클레이랜드 홈페이지)

❸ 게임 NFT

요즘 한국에서 가장 핫한 논쟁의 주제로 떠오르고 있는 건 P2E
다. P2E는 'Play to Earn'의 약자다. 즉 게임을 하면서 수익을 얻을
수 있다. 아주 매력적인 발상이다. 사람들은 재미를 위해 게임을
한다. 그런데 게임을 통해 수익까지 낼 수 있다면 이보다 더 좋을
순 없을 것이다. 그래서 어떤 사람은 NFT가 미래 게임 시장의 키워
드라고 말하기도 한다. 가장 유명한 P2E 게임 몇 가지를 살펴보자.

첫째, 엑시인피니티Axie Infinity가 있다. 동남아시아 몇몇 국가에선
엑시인피니티를 하는 걸 직업으로 삼는 경우도 있다고 한다. 그
정도로 대중화되어 있는 인기 P2E 게임이다. 외계생물체 엑시Axies
를 캐릭터로 한 게임으로, 크립토키티Cryptokitties를 모티브로 삼았
다. 이 캐릭터를 '번식, 수집, 전투, 육성'하고 왕국을 건설하는 걸
최종 목표로 한다. 게임 내에서는 자원을 거래할 수 있는 플레이어
경제가 활성화되어 있다. 자신이 수집하고, 키우고, 육성한 엑시를
AXS라는 코인으로 거래할 수 있다. AXS코인은 2021년 4월 상장
한 이후 활발한 거래가 이뤄지고 있다.

둘째, 제드런Zed Run이 있다. 제드런은 최근 열린 'NFT 2022 어워
드'에서 최다 거래 NFT로 선정된 바 있다. 폴리곤체인 기반의 NFT

로, 자신의 마구간을 만들고 말을 사육하고 경주마를 브리딩해 레이싱 참여 상금을 획득하는 방식의 게임이다. 2022년 100만 번째 레이스가 진행될 정도로 엄청난 인기를 자랑한다. 유저가 말을 직접 브리딩하고 거래할 수 있게 한 기획은 유저들의 수요를 잘 파악한 기획이었다. 제드런도 엑시인피니티와 같이 자체 코인이 있으며, 거래가 가능하다. 제드런은 지속적인 로드맵의 이행과 엄청난 파트너사들과 함께 성장하고 있다.

전문가들은 NFT가 게임시장의 판도를 바꿀 키메이커Key Maker가 될 것이라고 말한다. NFT가 인터게임Inter Game으로 가는 핵심이 될 거라는 기대감도 갖고 있다. 인터게임이란 NFT 기반의 아이템을 A라는 게임과 B라는 게임에서 모두 사용할 수 있는 걸 의미한다. 상상해보자. 만약 내가 하고 있는 모바일게임이 2~3개라면, 지금은 각각 현금으로 결제했을 것이다. 그러나 한 게임에 대한 흥미가 떨어져 그만둔다면, 그 돈은 사라지는 게 아닌가?

만약 인터게임이 현실화된다면, 이런 일은 벌어지지 않을 것이다. 게임 간 아이템 이동도 가능하며, 돈을 날릴 일도 없을 것이다. 앞으로 NFT로 인한 게임 산업의 발전이 기대된다.

엑시인피니티는 가장 대표적인 P2E 게임이다(출처: 엑시인피니티 홈페이지)

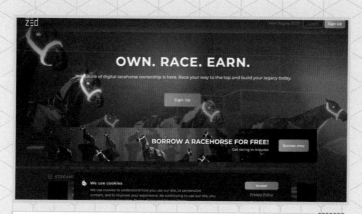

제드런은 경주마를 직접 키우고 성장시켜 상금을 획득할 수 있다(출처: 제드런 홈페이지)

❹ 스포츠 NFT

이름만 들어도 알 만한 유명 스포츠 스타의 특정 순간을 소유할 수 있다면 어떨까? 디지털 자산의 소유권을 인정받는 NFT의 특성을 이용한 스포츠 NFT는 현재 각종 대형 스포츠 업종의 선수, 팀과 협약을 맺고 급성장하고 있다.

가장 유명한 스포츠 NFT 중 하나인 'NBA Top Shot'은 경기 하이라이트 영상을 NFT로 만든 것이다. 선수들의 유명세에 따라 가격이 천차만별이다. 만약 내가 구매한 NFT 속 신인 선수가 스타플레이어가 된다면 어떨까? 가격은 천정부지로 치솟을 것이다. 그래서 눈여겨볼 만한 신인 선수 NFT를 구입해 투자하는 사람도 늘고 있다. 최근에는 스타플레이어 중 한 명인 르브론 제임스 Lebron James의 카드가 40만 달러(약 5억 원)에 거래되어 큰 화제가 되기도 했다.

국내 스포츠 IP를 활용한 NFT도 늘어나는 추세다. 한국 프로축구 연맹은 축국 NFT 게임 소레어Sorare와 라이선스 계약을 맺고 K리그 선수들의 NFT를 발행했다. 현재 총 28만 달러어치가 거래되었다고 한다.

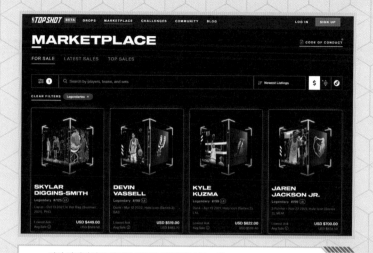

경기 하이라이트 영상을 NFT로 만든 NBA Top Shot(출처: NBA Top Shot 홈페이지)

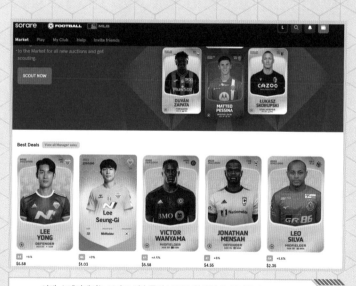

이제 소레어에서는 K리그 선수들의 NFT도 찾아볼 수 있다(출처: 소레어 홈페이지)

❺ 아트 NFT

디지털 자산의 희소성과 고유성을 가장 안전하게 보장하는 NFT 기술은 예술계에서도 그 가치를 인정받고 있다. NFT 예술작품은 위조 논란, 가치 훼손 등의 문제에서 자유롭다. 그리고 공간에 제약 없이 전시할 수 있고 판매할 수도 있다. 코로나19로 인해 가속화된 비대면 시대에 맞는 시장으로 자리 잡고 있는 것이다.

과거엔 미술품 거래를 일반인이 하기 어려웠다. 뭔가 그들만의 리그인 것 같았다. 그러나 이제는 일반인도 쉽게 거래할 수 있다. 예술계도 NFT를 기회로 여기고 있다. 그래서 디지털화가 NFT를 통해 빠르게 이뤄지고 있다.

더욱이 NFT는 공동 소유와 분산 판매도 가능하게 해준다. 그래서 NFT 아트는 대중이 즐길 수 있는 문화로 빠르게 바뀌고 있다. 최근 인천공항에서 열린 한 전시회에서는 전시와 관람뿐만 아니라 작품을 NFT로 구매해 소장할 수 있도록 했다고 한다. 다음은 한 기사의 내용이다.

비행기에 타기 전 면세점 명품 쇼핑과 함께 'NFT 아트'도 소장할 수 있는 전시가 마련됐다. 예술경영지원센터(예경)와 인천국제공항공사가 인천공

항 제1, 2여객터미널 출국장 및 탑승동에서 '미디어·NFT 아트'를 주제로 한 기획 전시를 펼친다. 총 14개의 대형 미디어 스크린을 통해 작품을 만나볼 수 있다. (중략) 전시 관람뿐만 아니라 참여작 대부분을 NFT로 구매해 소장할 수 있다. 인천국제공항공사는 면세구역이라는 장소의 특성을 고려해 사전 신청하는 일반인을 대상으로 도슨트 투어(전시기간 내 총 4회 예정) 이벤트도 진행할 예정이다.*

얼마 전 테슬라의 CEO 일론 머스크의 아내이자 가수인 그라임스Grimes가 그린 디지털 그림 컬렉션 10점이 단 20분 만에 580만 달러(약 65억 원)에 낙찰됐다. 그리고 국내의 간송미술관이 만든 훈민정음 해례본(국보 제 70호, 유네스코 세계문화유산)은 개당 1억 원을 호가하는 가격에도 100개의 NFT가 판매되었다.

대중은 이미 디지털 아트에 공감하며, 그것을 소유하고 싶어 한다. 이 때문에 가치는 점점 오르고 있다. NFT는 예술작품의 희소성을 보장해주고, 그 가치를 쉽게 공유할 수 있다. 이제 내 손 안에서 언제, 어디서든 예술작품을 감상할 수 있는 시대가 왔다.

---

* 신효령, '비행기 타기 전 NFT 아트 보고 가세요', 뉴시스, 2022년 8월 27일

스포츠, 미술, 엔터테인먼트, 게임까지

다양한 분야에서 NFT를 적용하고 있다.

사용처는 점차 늘어나고 있으며 지속적으로

사용자도 유입되고 있다.

대체 불가능한
NFT의 가치와 파급력

다양한 시장으로 뻗어나가는 NFT ▪▪▮▮▮

우리도 모르는 사이 NFT는 필수불가결한 요소로 우리 삶에
들어오고 있다. 이미 메가트렌드로 대세 중 대세로 떠오른 NFT의
파급력은 어디까지일까? 많은 셀럽이 NFT를 구매해 프로필 사진
으로 등록하고, 대기업이 NFT를 활용하는 일은 더 이상 놀라운
일이 아니다.

2022년 5월 테슬라의 CEO 일론 머스크는 본인의 트위터 프로필을 NFT로 바꿨다. 유명인들이 많이 쓰는 BAYC였다. 이 그림은 남들이 보기엔 그냥 좀 독특한 원숭이 캐릭터에 불과할 것이다. 그러나 이 그림은 NFT로 발행되어 개당 약 46만 2천 달러 이상에 거래되기도 했다. 일론 머스크 외에도 여러 유명인이 자신만의 BAYC NFT를 소유하고 있다.

또한 NFT는 부동산, 주식, 코인을 넘어 새로운 재테크 수단으로 자리 잡고 있다. 현재 MZ세대는 NFT를 중요한 재테크 수단 중 하나로 인식하고 있다. 특히 빠른 성장성과 기업과의 직접적인 소통에 매력을 느끼고 있어 MZ세대의 유입은 계속될 전망이다.

이젠 서울 한복판에 있는 대형 전광판에 NFT 캐릭터가 나오는 것도 익숙한 일이다. NFT 캐릭터는 일상생활 속에서도 접할 수 있으며 금융, 예술, 패션, 게임, 스포츠를 가리지 않고 다양한 카테고리 속에 존재하고 있다.

NFT시장, 어디까지 확장될까? ■■■▌

그렇다면 빠르게 성장하고 있는 NFT시장은 과연 어디까지 확장될까? 'NBA Top Shot'과 크립토키티로 잘 알려진 캐나다 기업 대퍼랩스Dapper Labs는 미국 정부에 NFT 관련 기업으로는 최초로 로비업체로 등록됐다.

대퍼랩스의 이런 행보로 미국 내에서 NFT와 관련된 긍정적인 정책 수립을 기대해볼 수 있게 되었다. 또한 글로벌 NFT시장에도 큰 변화가 생길 것으로 보인다(미국은 입법, 행정 등 정치 영역에 영향을 끼치는 모든 행위를 '로비'라고 정의하고 있다).

물론 NFT에 대해 곱지 않은 시선도 있는 게 사실이다. 어떤 사람은 실체가 없다고도 말하며, 어떤 사람은 거품이라고 말한다. 또한 NFT의 가격이 터무니없이 높다고 말하는 사람도 있다. 그러나 앞서 얘기했듯 NFT를 통해 기업은 자신들이 보유하고 있는 무형자산이 기업의 가치에 귀속될 수 있는 기틀을 마련했다. 또한 NFT와 접목된 다양한 비즈니스 모델과 산업 생태계를 이해한 시장 참여자들은 NFT를 새로운 재테크 수단으로 삼아 수익을 올리고 있다.

이미 글로벌 NFT 거래소인 오픈씨의 연간 거래액이 30조 원을 돌파했다. 이렇듯 급성장하는 NFT시장에서 그 가치와 파급력은 산출이 불가능한 게 아닐까?

MZ세대는 NFT를 중요한

재테크 수단으로 생각하고 있다.

그리고 기업은 NFT를 사업에

적극 활용하고 있다.

NFT의 파급력은 어디까지일까?

2부

NFT,
누구나 시작할 수 있다

NFT의 시작은 지갑을 만드는 것이다. 복잡한 듯 보이지만, 굉장히 단순하고 쉽다. NFT에 따라, 사용하는 체인에 따라 다른 지갑에 연결해야 한다. 여기에선 대표적인 지갑 2개의 생성법을 설명하려고 한다. 이 과정을 따라하면 누구나 쉽게 NFT 지갑을 갖게 될 것이다.

NFT 지갑
생성하기

메타마스크MetaMask

메타마스크는 이더리움, 폴리곤 체인 기반의 지갑이다. 줄여서 '메마'라고도 부른다. 대부분의 코인이나 블록체인을 추가할 수 있다는 편의성 때문에 민팅이나 마켓 거래에 가장 많이 사용된다.

STEP 1

Chrome 웹 스토어에 접속해 '메타마스크' 또는 'MetaMask'를 검색한 후,
'Chrome에 추가' 버튼을 클릭한다.

STEP 2

팝업창에서 '확장 프로그램 추가' 버튼을 클릭하면 설치가 시작된다.

STEP 3

다음과 같은 화면이 뜨면 '시작하기' 버튼을 눌러 메타마스크 프로그램 사용을 시작한다.

STEP 4

메타마스크를 처음 생성하는 과정이므로 우측을 클릭한다.

STEP 5

METAMASK

MetaMask 개선에 참여

MetaMask는 사용자가 확장 프로그램과 상호작용하는 방식을 자세히 이해하기 위해 사용 데이터를 수집하고자 합니다. 수집한 데이터는 당사의 제품과 이더리움 에코시스템의 사용 편의성 및 사용자 경험을 지속적으로 개선하는 데 활용됩니다.

MetaMask에서는..

✓ 언제든 설정을 통해 옵트아웃할 수 있습니다.

✓ 익명화된 클릭 및 페이지뷰 이벤트 보내기

✗ 키, 주소, 거래, 잔액, 해시 또는 개인 정보를 절대 수집하지 않습니다.

✗ 전체 IP 주소를 절대 수집하지 않습니다.

✗ 절대로 수익을 위해 데이터를 판매하지 않습니다!

[괜찮습니다]   [동의함]

이 데이터는 집계 처리된 정보이며 일반 데이터 보호 규정 (EU) 2016/679의 목적에 따라 익명으로 관리됩니다. 당사의 개인정보보호 관행에 관한 자세한 내용은 개인정보 보호정책을 참조하세요.

사용자의 데이터 수집에 관한 질문이다. 참고로 반대 의견에 따른 불이익은 없다.

STEP 6

메타마스크에 로그인할 때 필요한
비밀번호를 생성한다.

 STEP 7

지갑 보호에 관한 안내 영상이 나온다. 꼭 시청하는 걸 추천한다.

하루 만에 끝내는 NFT 공부

STEP 8

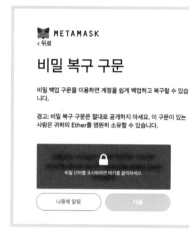

잠금 화면을 클릭하면 '비밀 복구 구문'이 표시된다. 이 구문은 꼭 적어서 보관
해야 한다. 핸드폰과 이메일 등에는 저장하지 말자.

비밀 백업 구문을 확인하는 단계다. 이전 화면에 있던 본인의 비밀 복구 구문을 순서에 맞게 클릭한 후, '확인' 버튼을 눌러라.

메타마스크 지갑 생성이 완료됐다.

상태표시줄에 있는 퍼즐 모양을 클릭 후, 메타마스크를 클릭해 비밀번호를 입력하면 로그인이 완료된다.

STEP 12

중앙 상단에 모자이크 부분이 지갑 주소다.

카이카스_Kaikas_ ▮▮▮

카이카스는 클레이튼체인 기반의 지갑이다. 사용이 편리해 많은 유저가 사용한다. NFT 민팅 혹은 보관용 지갑으로 많이 사용된다.

STEP 1

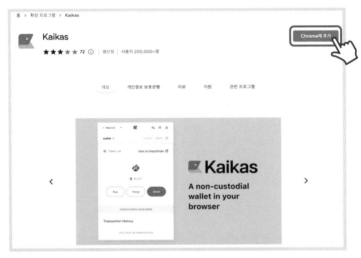

Chrome 웹 스토어에 접속해 '카이카스' 또는 'Kaikas'를 검색한 후,
'Chrome에 추가' 버튼을 클릭한다.

STEP 2

'Kaikas'을(를) 추가하시겠습니까?

앱의 권한:

모든 웹사이트의 전체 데이터 읽기 및 변경

알림 표시

취소   확장 프로그램 추가

팝업창에서 '확장 프로그램 추가' 버튼을 클릭하면 설치가 시작된다.

 STEP 3

설치가 완료되면 완료되었다는 문구가 뜨며, 이미지를 참고해 상단 상태표시줄의 아이콘을 클릭하면 된다(카이카스 아이콘이 뜨지 않을 시, 퍼즐 모양의 아이콘을 클릭하면 카이카스가 있다).

STEP 4

사용할 비밀번호를 입력하고 '생성' 버튼을 클릭하라(비밀번호는 영문 대문자, 영문 소문자, 숫자, 특수문자를 각각 1개 이상 포함해야 한다).

 STEP 5

계정 이름을 입력하라. 이 내용은 본인에게만 보인다.

STEP 6

카이카스 이용 가이드를 확인한다. 중
요한 내용이니 꼭 숙지하도록 하자.

안전 사용 가이드

안전한 Kaikas 사용을 위해 아래 내용을 꼼꼼하게 확
인해주세요.

1. 시드 구문을 안전하게 보관해주세요.

블록체인에서는 ID와 패스워드 없이 시드 구문만 가지
고 계정의 소유권을 증명합니다. 비밀번호를 분실하거
나 Kaikas 재설치 시, 시드 구문으로 기존 계정을 복구
할 수 있습니다.

2. 당사는 시드 구문을 보관하지 않습니다.

시드 구문은 Kaikas 설치 시 임의로 생성되어 본인에
게만 제공되기 때문에, 시드 구문을 잃어버리면 계정을
복구할 수 있는 방법이 없습니다.

3. 피싱이나 스캠에 주의해주세요.

어떠한 경우에도 서비스는 시드 구문이나 지갑키(개인
키)를 요구하지 않습니다. 시드 구문이나 지갑키가 유출
될 경우 고객님의 자산을 탈취당할 수 있습니다.

시드 구문 보관 안내

아래 시드 구문을 종이에 적어 안전하게 보관해주세요.
이메일이나 컴퓨터에 보관할 경우 해킹으로 시드 구문이
유출될 수 있으니 삼가주세요.

🔗 시드 구문

※ 당사는 시드 구문을 따로 보관하지 않기 때문에, 시드 구문을
일어버리면 계정을 복구할 수 있는 방법이 없습니다.

예, 안전한 곳에 보관했습니다.

STEP 7

'시드 구문'은 비밀번호와 다른 개념이
다. 복구할 때, 다른 기기에서 로그인
을 할 때 등 필요 시 보안 카드 역할을
한다. 재발행이 불가하니 핸드폰, 이메
일에 저장하지 말고 꼭 적어두자. 주의
사항을 읽은 후 버튼을 누르면 된다.

STEP 8

카이카스 시드 구문을 정확하게 입력
한다. 확인 버튼을 누르면 다음 단계
로 넘어간다.

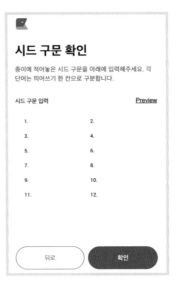

STEP 9

주의사항을 숙지한 후 'Kaikas 시작
하기' 버튼을 누른다.

STEP 10

우측 상단 상태표시줄에 있는 퍼즐 모양 아이콘을 클릭해 카이카스 프로그램을 시작하라.

 STEP 11

화면 중앙 상단에 생성된 지갑 주소를 확인할 수 있다.

NFT의 시작은 지갑 만들기다.

복잡한 듯 보이지만, 따라해보면 쉽다.

NFT와 체인에 따라

다른 지갑에 연결해야 한다.

나만의 NFT 지갑을 한번 만들어보자.

❷
NFT 거래소의
모든 것

세계 최대 거래소, 오픈씨 ■■▮▮▮

대표적인 NFT 거래소는 오픈씨와 팔라스퀘어Palasquare 등이 있다. 이 중 오픈씨는 세계 최대의 NFT 거래소 중 한 곳으로 NFT를 거래하는 사람들이라면 모두가 한 번쯤은 경험해봤을 것이다. 전세계 주요 NFT 거래소 중 오픈씨가 시장 선점이 가장 빨랐고, 크게 활성화되었다. 이더리움, 클레이튼, 솔라나Solana 등 다양한 코인을 사용해 거래가 가능하다.

탈중앙화 애플리케이션 관련 데이터 제공 업체인 '댑레이더'의 조사에 따르면 2022년 5월 1일 오픈씨의 거래량은 무려 4억 달러에 달했다고 한다. 오픈씨는 최근 '카피민트(NFT 콘텐츠의 복사본)'를 식별해 제거하고, 더 나아가 방지할 수 있는 자동화 시스템을 업데이트해 거래의 안정성을 높였다. 또한 검증된 크리에이터에게 계정 인증 표식 등을 제공해 크리에이터의 신원을 보증하는 보안 기능을 업데이트했다.

수수료가 저렴한 팔라스퀘어 ■■■■

오픈씨 외에 대형 거래소를 찾는다면 팔라스퀘어를 들 수 있다. 줄여서 '팔라$_{Pala}$'라고 부른다. 팔라는 저렴한 거래수수료로 유저들을 유입하고 있는 웹 3.0 플랫폼 사이트 중 하나다. 마켓 동향 분석 등을 제공해 유저들이 편리하게 정보를 얻을 수 있고, 한글 검색이 가능하기 때문에 더 쉽게 사용할 수 있다. 이더리움 등 멀티체인 확장 계획도 있어 주목할 필요가 있다.

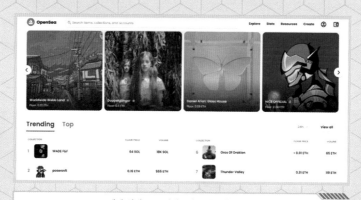

세계 최대 NFT 거래소인 오픈씨 홈페이지

팔라스퀘어는 저렴한 수수료와 편이성이 강점이다(출처: 팔라스퀘어 홈페이지)

신흥 강자 매직에덴 ■■■■

매직에덴Magic Eden은 오픈씨의 자리를 위협하고 있는 신흥 강자다. 매직에덴의 CEO인 루 잭Lu Jack은 "우리는 솔라나체인 기반 게임 NFT에 대한 2차 거래량의 90%를 점유하고 있다."라고 밝히며 블록체인 이더리움에 주로 의존하고 있는 오픈씨와는 다른 강점이 있다고 밝혔다.

오픈씨는 2022년 7월 11일 기준으로 전체 NFT 거래소 내 76.51%의 점유율을 차지하고 있다. 그러나 2022년 1월 매직에덴이 성장함에 따라 일시적으로 15% 수준까지 하락하기도 했다. 물론 이내 선두 자리를 재탈환했지만, 매직에덴도 꾸준히 시장 점유율을 늘리며 지위를 공고히 하고 있다.

에디션 소장을 위한 슈퍼레어 ■■■■

수준 높은 단일 에디션을 소장하고 싶다면? 슈퍼레어Super Rare를 추천한다. 거래소 이름에서 알 수 있듯이 정말 슈퍼레어한 작품들

매직에덴은 오픈씨의 자리를 위협하는 신흥 강자다(출처: 매직에덴 홈페이지)

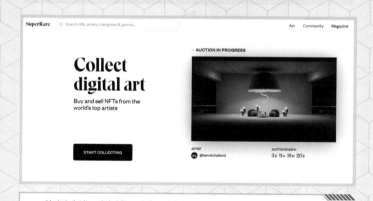

하나밖에 없는 에디션을 소장하고 싶다면 슈퍼레어를 추천한다(출처: 슈퍼레어 홈페이지)

을 구매할 수 있다. 자체 심사를 거쳐 작가들을 선별해 업로드할 수 있게 해 작품의 퀄리티가 다르고, 주제별로 큐레이션한 작품들을 한 번에 볼 수 있다는 장점이 있다. 다른 마켓플레이스와는 다르게 예술성을 중요시하고 다중 발행을 허용하지 않아 수준 높은 작품을 만나볼 수 있다. 엄선된 NFT 한정판이나 단일 에디션을 소장하고 싶다면 추천한다.

국내 NFT를 만나고 싶다면 클립드롭스 ■■■■

글로벌 NFT 마켓이 어렵게 느껴진다면? 카카오의 블록체인 계열사인 그라운드X_Groundx에서 런칭한 클립드롭스_Clip Drops로 쉽게 NFT를 접할 수 있다. 국내 NFT 유저들에게 익숙한 클레이튼체인 기반의 NFT 마켓으로 오픈한 지 반년 만에 누적 거래액이 100억 원이 넘었다고 한다. 엄청난 성장률을 기반으로 글로벌 시장 진출을 앞두고 있으며, 카카오 IP를 이용한 NFT 발행과 거래도 활발하게 이뤄지고 있다. 클립드롭스는 아래의 세 가지 카테고리로 운영된다.

❶ 디팩토리(Dfactory)

디팩토리에선 크리에이터의 독창적인 아이디어와 특색 있는 아이덴티티를 보여주고 있다. 오직 클립드롭스에서만 선보이는 한정판 디지털 컬렉터블스를 선보인다.

❷ 1D1D(1Day 1Drop)

1D1D은 하루 한 명의 크리에이터 작품만 공개되는 카테고리다. 그라운드X에서는 다양한 장르, 분야에 걸쳐 대표 작가부터 잘 알려지지 않은 크리에이터까지 폭넓게 소개하려는 취지라고 밝혔다.

❸ 콜렉터스 마켓플레이스(Collectors Marketplace)

콜렉터스 마켓플레이스는 내가 구매하려고 했던 NFT를 구매하지 못한 경우, 내가 소장한 작품을 다른 사람에게 판매하고 싶은 경우 이용자 간 실시간 거래를 할 수 있는 장소다.

클립드롭스는 최근 '클립드롭스 라운지Klip Drops Lounge'라는 멤버십 제도를 도입했다. 1D1D에 낙찰되거나 에디션을 일정 수량 이상 구매하면 이용자는 멤버십 카드를 발급받을 수 있다. 멤버십을 받은 이용자는 작가와 교류할 수 있는 혜택을 갖게 된다. 그라운드X는 이렇게 라운지 멤버와 작가가 교류할 수 있게 해 커뮤니티 활성화에 힘쓰고 있다.

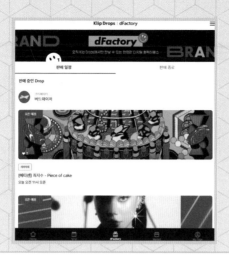

한정판 NFT를 선보이는 디팩토리(출처: 클립드롭스)

하루 한 명의 크리에이터 작품만 공개되는 1D1D(출처: 클립드롭스)

NFT에 관심이 뜨거운 만큼

NFT 거래소도 늘어나고 있다.

세계 최대 거래소인 오픈씨,

수수료가 저렴한 팔라스퀘어,

국내 NFT를 쉽게 만나고 싶다면

클립드롭스를 활용하자.

NFT의 가치는
어떻게 결정되는가?

다수의 공감이 중요하다 ■■■■

2021년 전 세계 NFT시장의 규모는 약 400억 달러로 2020년 10억 달러 대비 40배가 성장했다. 이렇게 성장해가는 NFT의 가치는 어떻게 결정되는 걸까? 다양한 요소가 있겠지만, 우선 가장 기본적인 형태라고 할 수 있는 수집형 NFT에 대해 설명해보겠다. 수집형 NFT는 보유하는 것 자체가 목적인 NFT다. 예술작품이나 유명

인사들의 굿즈, 기념 콘텐츠 등을 포함한 희소성 있는 콘텐츠로 만들어진다.

가치 평가를 위한 기준은 없다. 그러나 이 때문에 수집형 NFT 들은 상상 이상의 가격으로 거래되기도 한다. 수집형 NFT의 핵심은 '다수의 공감'이다. 단순히 레고를 모으는 것처럼 취향에 따른 것이 아니라 기반이 되는 기술의 목적과 부합하는지, 소유를 통해 어떤 것을 증명할 수 있는지(가치관, 재산 규모, 전문 지식, 사회적 지위 등), 다수가 따르는 인물의 '소유 이력Ownership History'이 있는지 등이 복합적으로 작용한다. 이렇게 '다수의 공감'을 이끌어 내면, 공감은 수요로 나타나고 수요는 높은 가치를 형성하게 된다.

NFT의 가치는 시간이 지날수록 늘어난다? ■■■■

처음 NFT를 접했을 때, 픽셀아트 하나가 수억 원에 달하는 걸 보고 놀랐었다. 그리고 내가 모르는 어떤 세상이 있는 것인지 당황스러웠다. 지금 생각해봐도 이 단순한 그림이 수억 원에 달한다는 게 이해되지 않을 때가 있다. 그러다가도 이제 NFT가 시작되는 단계라고 하니 소장 가치가 있다고 생각하기도 한다. NFT의 시작은 어땠을까? 가격을 결정하는 가장 큰 요소 중 하나가 된 시초 NFT 몇 가지를 소개하려고 한다.

❶ 크립토키티

단순하고 귀여운 고양이 캐릭터인 크립토키티는 P2E의 시초라고 할 수 있다. 암호화폐가 디지털 자산으로 폭넓게 활용될 수 있음을 보여준 대표적 사례로도 많이 등장한다. 이더리움 ERC-721 토큰 방식을 사용하고 있으며, 이더리움 전체 트래픽의 약 11%를 차지할 정도로 많은 이용자를 보유한 적도 있다. 그야말로 대박 NFT 중 하나다. 현재 NBA Top Shot을 운영 중인 대퍼랩스에 속해 있다.

희소성이 있는 NFT는 1장에 약 1억 원 넘게 팔리기도 했다. 대기업인 삼성과 구글이 크립토키티 개발사에 170억 원을 투자함으로써 한 번 더 유명세를 탔다. 가상의 고양이를 수집해 브리딩이 가능하며 단순하고 아기자기한 인터페이스로 인기를 끌었다.

❷ 크립토펑크

크립토펑크는 2017년 6월 뉴욕에서 스타트업으로 시작한 라바랩스Larva Labs가 출시했다. 크립토펑크는 라바랩스에서 출시한 픽셀 아트 컬렉션이다. 단순한 24×24 픽셀의 그림이었고, 남성 6,039명의 얼굴과 여성 3,820명의 얼굴로 이뤄져 있었다. 각각의 캐릭터는 고유성을 지니고 있다. 이는 앞서 설명한 제너레이티브 아트를 이용한 제작 방식이기 때문이다. 유인원, 좀비, 외계인 등 희소 캐릭터도 있으며 오늘날 PFP의 '조상님'으로 불리고 있다.

PFP는 '레얼리티Rarity'라고 부르는 희귀도를 갖고 있으며 각기 다른 조합의 액세서리, 캐릭터 등을 조합한 점수로 내 NFT의 랭킹을 알 수 있다. 개성을 중시하는 요새의 트렌드를 오래전에 이미 반영한 시초 NFT 크립토펑크는 아직도 높은 가격을 유지하고 있다.

크립토키티는 P2E의 시초라고 할 수 있다(출처: 크립토키티 홈페이지)

제너레이티브 아트로 제작된 크립토펑크(출처: 크립토펑크 홈페이지)

로드맵도 영향을 줄 수 있다 ▉▉▌▏

로드맵은 쉽게 말하면 기업의 사업계획서와 같다고 할 수 있다. NFT 프로젝트를 추진하기 위해 필요한 목표, 서비스 등을 담은 계획표다. 로드맵은 한국 NFT시장의 흥행 요소 중 하나다. 그러나 NFT를 구매할 때 로드맵을 너무 신봉하진 말자. 로드맵을 과하게 설정한 후 이행하지 않고 NFT만 민팅하고 사업을 접어버리는 러그풀도 많이 발생하고 있으니 말이다.

최근에는 상장기업과 대기업들이 참여하면서 러그풀의 위험이 많이 줄어들었다. 그러나 조심스럽게 접근해야 한다. 개인적으로는 로드맵이 NFT 구매에 최우선 순위가 될 수는 없다고 생각한다. 왜냐하면 해외의 경우 이슈나 유행에 따라 NFT 순위가 올라가기도 하기 때문이다.

물론 로드맵도 구매에 많은 영향을 끼친다. 하지만 발행하는 회사나 팀도 중요한 역할을 하기 때문에 그럴싸한 로드맵을 보고 현혹되어 NFT를 구매하는 건 조심해야 한다.

한정적이기에 매력이 있다 ■■■■

NFT의 매력 중 하나는 한정적인 것에 소유권을 붙일 수 있다는 거다. NFT는 한정적인 가치를 지니고 있고, 이는 사람들이 NFT를 구매하는 이유 중 하나다. 올림픽 기간이 되면 각 종목의 대표 선수들의 중요한 순간을 NFT로 제작하기도 한다.

2022년 7월에는 스페인의 축구 명문팀인 FC 바르셀로나가 내놓은 NFT가 경매에서 69만 3천 달러에 팔려 이슈가 되었다. 해당 경매는 30만 명이 넘는 사람들이 관심을 가졌다. 1973년에서 1978년까지 FC 바르셀로나에서 뛰었던 요한 크루이프Johan Cruyff가 1973년 아틀레티코 마드리드와의 경기에서 터뜨린 전설적인 골 장면을 아트로 재현한 NFT였다.

이 NFT의 소유자는 전설적인 골 장면을 예술품으로 남길 수도 있고, NFT의 소유권도 증명할 수 있다. 지인들에게 "어제 그 뉴스에 나온 NFT 봤지? 내 NFT야."라고 소유권을 증명할 수 있게 된 것이다. 그뿐만 아니라 이 NFT를 소유한 사람은 혜택도 엄청났다. 팀의 디지털 엠버서더로 임명되고 친선 경기 전 공식 볼 핸들링, 라마시아* 방문, 미팅 및 인사회 참여 등 많은 혜택을 누릴 수 있었다.

---

* FC 바르셀로나의 유스 아카데미

벨리곰의 로드맵. 'more'를 클릭하면 더 자세히 나온다(출처: 벨리곰 홈페이지)

요한 크루이프의 전설적인 골 장면을 재현한 NFT(출처: FC 바르셀로나 홈페이지)

NFT로 코인 채굴도 된다고? ▰▰▰

NFT시장의 확산은 빠르게 이뤄지고 있다. 그중 큰 부분을 차지하고 있는 건 NFT와 토크노믹스Tokenomics가 결합된 형태다. 토크노믹스는 토큰Token과 경제학Economics의 합성어다. 흔히 '토큰 경제'라고 쓰기도 한다. 쉽게 말하면 토큰을 활용한 경제 시스템을 의미한다. 참고로 NFT 스테이킹Staking이란 일정 기간 동안 NFT를 예치해두고 이자, 보상 등을 리워드 또는 코인으로 받는 형태를 말한다.

최근 NFT가 새로운 투자처로 부상하면서 NFT를 제3의 투자처로 찾는 사람들이 많아진 것 같다. 그중 스테이킹을 로드맵에 추가해 진행 중인 NFT도 많이 보이고 있다. 그 예로 2022년에 판매한 'LEMONG NFT'가 있다.

LEMONG NFT는 7,777개의 민팅을 완료한 PFP 형태의 NFT다. 이 NFT의 특이점 중 하나는 다양한 레얼리티를 갖추고 있으며 스테이킹이 가능하다는 점이다. LEMN코인을 NFT로 채굴할 수도 있다. 물론 코인은 변동성이 크다. 이 점을 유의해 코인 관련 NFT를 구매해야겠지만, 잘 이용한다면 NFT도 소유하면서 코인도 받을 수 있는 일석이조의 효과를 누릴 수 있다.

또 다른 예로 애니버스의 라바 NFT가 있다. 애니버스란 애니메이션과 메타버스의 합성어다. 애니버스는 라바 NFT를 발행했고, 라바 NFT를 통해 애니버스코인을 받을 수 있다. 라바는 전 세계에서 사랑받는 애니메이션인 만큼, 애니버스는 많은 팬을 대상으로 스테이킹도 진행하고 있다.

LEMONG NFT는 LEMN코인을 채굴할 수 있다(출처: 레몽 공식 트위터)

애니버스는 라바 NFT를 통해 스테이킹을 진행하고 있다(출처: 애니버스 홈페이지)

사람들은 다수의 공감을 얻고,

한정적이며, 소장 가치가 있는

NFT를 찾는다.

이 점을 유의해서 NFT를 만들자.

시작하고, 수집하고, 거래하자

오픈씨를 활용한 NFT 거래법 ▌▌▌▌

NFT는 어디서 편하게 볼 수 있을까? 가장 많은 NFT를 볼 수 있는 오픈씨 회원가입 방법과 오픈씨를 시작하는 법, NFT를 수집하는 방법, 오픈씨로 내 NFT를 거래하는 방법을 소개하겠다.

STEP 1

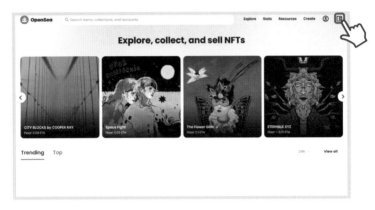

거래를 하려면, 메인 사이트에 접속한 후 로그인을 해야 한다. 우측 상단에 있는 지갑 아이콘을 클릭해 지갑을 연결하자.

STEP 2

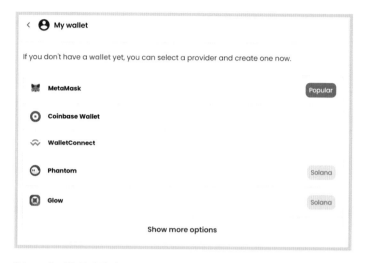

'My wallet'을 클릭한다.

STEP 3

'Accept and sign' 버튼을 클릭하고 회원가입을 진행한다.

STEP 4

'서명 요청'을 잘 확인한 후 '서명' 버튼을 클릭한다(이 부분은 항상 신중하게 체크한 후 클릭하도록 하자).

오픈씨의 가장 큰 장점은 다양한 카테고리의 NFT 거래와 판매가 가능하다는 점과 멀티체인(여러 블록체인으로 구매가 가능)으로 거래가 가능하다는 점이다. 'Add to cart'를 클릭해 장바구니에 담을 수 있고 구매도 가능하다. 'Make offer' 기능으로 가격을 제안할 수도 있다. 오픈씨는 구매 기능 외에 판매 기능도 인기를 끌고 있다. 쉽게 나만의 NFT를 기획, 제작해 판매도 가능하다. 나만의 NFT를 기획하고 제작해 판매해보자.

NFT 등록하기

다음으로 NFT 거래를 위한 오픈씨 내 NFT 등록 방법을 설명하

겠다. 오픈씨에 NFT를 등록해 거래하기 위해선 Collection(간단히

말하면 카테고리 채널)을 먼저 생성해야 한다.

STEP 1

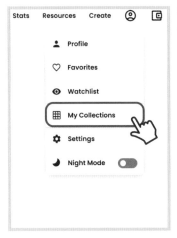

내 프로필을 클릭한 후,
'My Collections'를 클릭한다.

STEP 2

'Create a collection' 버튼을 클릭한다.

STEP 3

NFT Collection에 등록할 이미지를 정해진 규격에 맞게 제작해 첨부한다.

STEP 4

거래 시 사용할 블록체인
을 선택한 후 레이아웃을
선택한다. 그리고 'Create'
버튼을 클릭한다.

 STEP 5

Collection 채널이 생성되면 NFT를 게시할 수 있다.

STEP 6

우측 상단에 'Create' 버튼을 클릭한다.

STEP 7

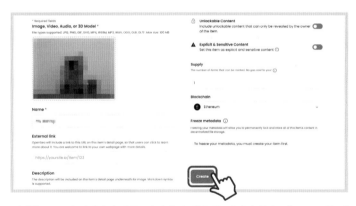

게시할 NFT의 이미지와 제목, 파일명, 소개 등을 입력한 후 'Collection'을 선
택한다. 'Properties'는 NFT의 디자인별 점수 등을 등록할 수 있는 옵션이다.
사용할 블록체인을 선택한 후 'Create' 버튼을 클릭한다.

STEP 8

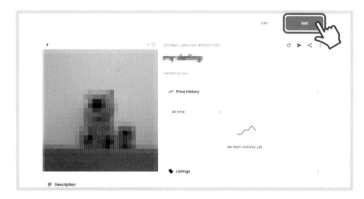

이제부터 등록한 NFT를 판매할 수 있다. 우측 상단에 보이는 'Sell' 버튼을 클릭한다.

STEP 9

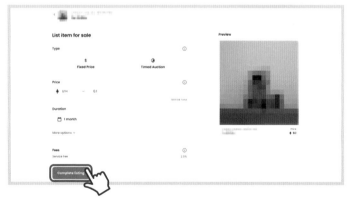

Fees는 수수료를 의미한다. 판매자가 정해진 한도 내에서 자유롭게 정할 수 있다. 입력 후 'Complete listing' 버튼을 클릭한다.

오픈씨에서는 간편하게 나만의 NFT를

등록할 수 있다. 나만의 개성과 디자인,

세계관을 담은 NFT를 만들고 판매해보자.

NFT의 세계는 직접적인 경험을 해봐야

더 빠르게 습득할 수 있다.

차별화된 NFT를
만드는 방법

창작 vs 가공

NFT 지갑을 생성하고 거래소에 NFT를 올렸다면, 다음으로 이런 고민이 들 것이다. "내가 올린 NFT가 인기가 있을까?" "팔리기는 할까?" 무작정 NFT를 거래소에 올렸다고 사람들이 관심을 갖고 구입하진 않을 것이다. 그렇다면 인기 있는 NFT를 만들려면 어떻게 해야 할까?

먼저 100% 창작으로 NFT를 제작할지, 아니면 다른 방식으로 할지 결정해야 한다. 만약 100% 창작을 하겠다고 마음먹었다면, 자신의 창작물이 사람들의 구매욕을 일으킬지 판단해봐야 한다.

모든 시장이 그렇지만, NFT는 그 어떤 시장보다 시시각각 변화가 이뤄지는 곳이다. 그래서 많은 조사가 필요하다. 현재 사람들이 어떤 NFT에 많은 관심을 갖고 있고, 어떤 NFT를 소장하고 싶어 하는지 면밀한 조사가 필요하다. 나도 다양한 NFT를 만드는 일을 하면서 매일 오픈씨에 상위 랭크된 NFT를 체크하고, 거래소에서 거래 상황을 체크한다.

면밀한 조사를 했다면, 어떤 NFT를 만들어야 할지 어느 정도 해답을 얻을 수 있을 것이다. 한동안 픽셀아트를 이용한 NFT가 인기를 끌었고, 또 어떤 날은 유인원을 이용한 NFT가 인기를 끌었다. 이처럼 우선 NFT 유저의 니즈를 파악해 제작하는 게 좋을 것이다. 동향을 항상 살피고, 시장 상황을 계속 체크하고, 본인만의 세계관을 관철시킨 개성 있는 NFT를 만들어 발행하면 좋은 결과를 얻을 수 있을 것이다.

그렇다면, 100% 창작이 아닌 경우에는 어떤 게 있을까? NFT는 디지털 자산에 소유권을 부여하는 방식으로, 그 카테고리가 다양하다. 기존에 존재하는 영상, 사진도 NFT로 발행할 수 있다. 대표적으로는 스포츠 NFT가 있다. 물론 기존에 존재하는 걸 활용할 땐 사전에 계약한 후 사용해야 한다.

최근에는 ENS(이더리움 네임 서비스)라고 부르는 이더리움 도메인을 NFT로 거래하기도 했다. ENS는 이더리움 지갑 주소를 쉽게 읽을 수 있는 형태로 바꿔주는 서비스다. 또한 멤버십 서비스의 형태인 'PASS'를 NFT로 발행하기도 했다.

다른 방법으로는 2차 창작물을 제작해 발행하는 방법도 있다. 예를 들어 BAYC의 경우 2차 창작물을 제작하고 활용할 수 있게 했고, 다양한 유인원 NFT가 유행처럼 발행된 적도 있다. 다만 NFT는 현재 다양한 입법이 이뤄지고 있으므로, 항상 신중하게 발행해야 할 것이다.

나만의 NFT 만들기 ■■▮▮

여기서는 내가 직접 만든 NFT를 소개하고자 한다. NFT를 처음 접하는 사람이라면 NFT 제작을 어떻게 접근해야 할지 고민이

오픈씨에 올라온 다양한 창작 NFT들(출처: 오픈씨 홈페이지)

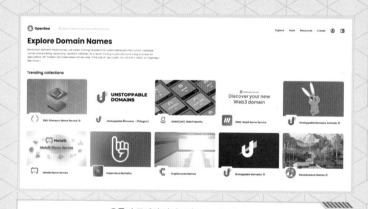

오픈씨 도메인 카테고리(출처: 오픈씨 홈페이지)

될 것이다. 참고가 되었으면 한다.

지금까지 주로 제너레이티브 아트를 이용해 PFP를 제작했다. 주로 클레이튼체인 기반의 NFT 프로젝트를 진행했고, 현재 이더리움체인 기반의 글로벌 NFT 프로젝트를 기획 중이다.

제작 과정은 이렇다. 우선 캐릭터를 설정하고, 캐릭터의 세계관을 만든다. 그리고 디자인을 기획한다. 이 과정에서는 캐릭터의 MBTI까지 설정하고 좋아하는 음식 등 디테일한 성향까지 설정하고 작업을 진행한다. 캐릭터의 성격을 설정하면 그에 맞는 파츠(옷, 장신구 등)를 제작한다.

이후 파츠에 이름을 짓고 나열해 제너레이터 알고리즘을 이용한다. 이렇게 여러 장의 파츠를 만든다. 이 과정에선 NFT마다 랭킹을 부여할 수도 있다.

대부분 PFP마다 로드맵이 있다. 쉽게 말하면 향후 이뤄질 이벤트와 같은 것이다. 로드맵을 설정하면 보통 홈페이지에 게시한다. NFT를 발행하면, 로드맵을 실행하고 커뮤니티 및 전반적인 유지관리를 한다.

최근 내가 기획했던 NFT는 한국적인 요소를 가미해 K-POP과 K-FOOD를 사랑하는 콘셉트였다. 배경에 한국의 야경이 펼쳐지거나 비빔밥이 액세서리로 등장한다. 이런 NFT는 커뮤니티에서 좋은 반응을 얻기도 했다.

한국적인 요소가 가미된 NFT의 발행은 디지털 공간 안에서 상상력을 마음껏 표현하고, 창작활동을 보여줄 수 있는 아주 좋은 수단이다. 또한 그 창작물에 대한 소유권을 인정받아 판매할 수도 있다. 다만 흥행과 함께 파급력이 생기기에, 사회적인 이슈가 생겨날 수도 있다. 예를 들어 어떤 NFT는 일본 국군주의와 나치즘을 상징하는 문양을 사용해 물의를 빚기도 했다.

따라서 NFT를 기획할 때 해당 NFT가 사회적인 물의를 빚지는 않을지 잘 판단해야 한다. 이런 부분은 전문가의 자문을 구하는 것도 좋은 방법이라고 생각한다.

발행될 때 사용되는 블록체인도 중요한 부분 중 하나다. 솔라나 기반 체인은 이더리움 기반 체인보다 거래가 빠르고, 수수료도 저렴하다. NFT가 어떤 체인 기반인지도 흥행 여부를 결정하는 부분이다. 그래서 NFT에 입문하거나 발행을 계획하고 있다면, 기본적인 블록체인에 대한 이해와 시장 상황에 대한 공부가 필요하다.

한국적인 요소가 가미된 PFP의 배경들(출처: 저자 제공)

다양한 파츠와 캐릭터가 합쳐진 PFP 예시(출처: 저자 제공)

커뮤니티 활동은 필수다 ▮▮▮▮

창작 혹은 가공으로 차별화된 NFT를 만들었다면, 그다음은 커뮤니티 활동을 해야 한다. 커뮤니티 활동은 내 NFT를 마케팅하는 과정이다. 대형 NFT 커뮤니티(예를 들어 '좋은친구들')에 들어가거나 카테고리별 커뮤니티를 직접 찾아 들어가는 게 좋다. 현재 카카오톡 오픈채팅방도 많이 개설되어 있으며, 마음만 먹으면 NFT 커뮤니티를 쉽게 찾을 수 있다.

커뮤니티 활동을 통해 내 NFT가 사람들에게 관심을 끄는 NFT인지 확인할 수 있다. 그리고 현재 트렌드에 맞는 NFT를 기획하는 데에도 많은 도움이 될 것이다. 따라서 NFT 작가가 되고 싶다면 커뮤니티 활동은 필수다.

커뮤니티에는 공통 관심사를 가진 사람들이 모인다. 내 NFT가 특정 관심사를 반영하고 있다면, 커뮤니티에 속하는 게 내 NFT를 판매할 가장 빠른 길이다. 또한 커뮤니티에는 각종 무료 에어드랍과 이벤트에 관한 공지가 올라온다. 이제 NFT 생태계에 발을 내딛었다면, 커뮤니티에 들어가보자. NFT를 만들고 거래하는데 커뮤니티에 속하지 않은 건 핵심을 놓친 것과 같다.

NFT를 만드는 방법은

창작과 가공, 2가지 방법이 있다.

먼저 현재 인기 있는 NFT를 조사하고

트렌드에 맞는 나만의 NFT를 만들어보자.

NFT 최신 정보 쉽게 리서치하기

정보를 선점하라

NFT시장은 자고 일어나면 새로운 프로젝트와 이슈들이 쏟아져 나온다. 사실 NFT시장은 누가 먼저 정보를 선점하느냐에 달려 있다고 해도 과언이 아니다. 그래서 매일 나오는 NFT 관련 정보를 리서치Research해야 한다. 이제 NFT에 입문했다면, 최신 정보를 리서치하는 건 필수다.

우선 다른 NFT 프로젝트의 커뮤니티를 살펴보자. 이런 정보는 주로 커뮤니티에서 많이 다룬다. 그리고 해외 NFT 뉴스도 살펴보는 게 좋다. 그런데 가장 중요한 건 많은 NFT 중 옥석을 가리는 능력을 갖추는 것이다.

지금도 수없이 많은 NFT가 시장에 나오고 있다. 그중에는 성공하는 NFT도 있고, 실패하는 NFT도 있다. 혹은 내 돈을 잃게 만드는 사기 NFT 프로젝트도 있다. 그래서 NFT를 하는 사람은 진짜와 가짜를 구분할 줄 알아야 한다.

그럴싸한 NFT 프로젝트는 나를 현혹하기 쉽다. 프로젝트가 현실성이 떨어진다면, 멀리할 줄도 알아야 한다. 이런 판단력을 갖는 게 중요하다. 여기서는 '나의 모닝 NFT 체크 루틴'을 공유하고자 한다. 이 내용이 이제 막 NFT에 첫 발을 내딛은 사람들에게 도움이 되었으면 한다. 다만 해당 사이트들은 영어로 표기되어 있으니 번역기를 잘 사용하길 바란다.

나의 모닝 NFT 체크 루틴 ■■■■

❶ 현재 소장하고 있는 NFT의 가격과 거래량 체크

먼저, 일어나면 NFT의 가격과 거래량을 살펴본다. 이때는 오픈씨(opensea.io)를 활용한다. 검색창에 보유하고 있는 NFT의 이름을 입력하고 거래량과 거래되는 가격을 확인한다. 만약 이때 변동이 심하다면, 관련 NFT 커뮤니티에 들어가 실시간 이슈를 확인한다.

그런 다음 오픈씨 Top 랭킹을 확인한다. 오픈씨에서는 종합적인 NFT의 순위를 확인할 수 있다. 특히 기반이 되는 체인별로 랭킹을 확인할 수 있다. 이더리움, 솔라나, 클레이튼 순위를 따로 검색해볼 수 있다.

❷ 시장의 전체적인 동향 체크

오픈씨 홈페이지를 통해 현재 소장하고 있는 NFT의 가격과 거래량을 살펴봤다면, 다음으론 논펀지블 닷컴(nonfungible.com)에 접속해 시장의 전체적인 동향을 실핀다. 이 사이트에는 'Market Tracker'라는 기능이 있는데, 최근 7일간 가장 큰 거래금액을 보여준 NFT를 나열해놨다.

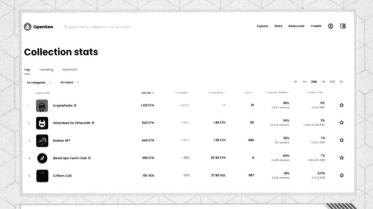

오픈씨에서는 NFT의 순위를 확인할 수 있다(출처: 오픈씨 홈페이지)

논펀지블 닷컴에서는 현재 큰 금액으로 거래되고 있는 NFT를 살펴볼 수 있다(출처: 논펀지블 닷컴 홈페이지)

2018년부터 분기별로 NFT 리포트를 공식 발행해 다운받을 수 있게 했고, 한국어 버전으로 발행된 적도 있다. 현재 많은 글로벌 유저가 이용하고 있다.

❸ NFT 민팅 일정 체크

다음은 NFT 민팅 일정을 체크할 수 있는 '넥스트드롭(nextdrop. is)'이라는 사이트다. 이 사이트는 NFT 관련 프로젝트의 트위터, 디스코드 등 NFT 커뮤니티 바로가기를 제공한다. NFT는 커뮤니티의 볼륨이 흥행에 영향을 끼치기도 한다. 이런 점에서 한 눈에 커뮤니티의 볼륨과 정보를 파악할 수 있다는 건 큰 장점이다. 한 눈에 파악할 수 있게 디자인되어 있다는 점도 좋다.

❹ 각종 NFT 뉴스 체크

NFT와 관련된 각종 뉴스를 카테고리별로 확인할 수 있는 사이트가 있다. 바로 'NFT이브닝(nftevening.com)'이다. 만약 내가 관심 있는 카테고리가 따로 있다면, 그 카테고리만 모아 정보를 확인할 수도 있다. 지금 인기를 끄는 NFT 프로젝트에 관한 칼럼도 모아 둬 읽는 재미가 있다.

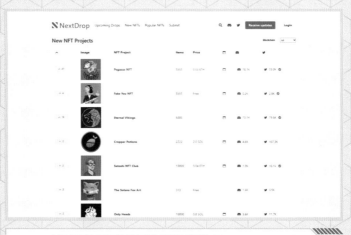

넥스트드롭을 통해 NFT 민팅 일정을 확인하자(출처: 넥스트드롭 홈페이지)

NFT이브닝을 통해 각종 NFT 뉴스를 확인하자(출처: NFT이브닝 홈페이지)

❺ NFT 유저 커뮤니티 체크

앞서 말한 것처럼 NFT시장에선 커뮤니티가 중요하다. 여기서 각종 정보를 얻을 수 있다. 많은 커뮤니티가 있겠지만, 여기선 '좋은친구들(linktr.ee/goodfriend0906)'을 추천하고 싶다. 왜냐하면 커뮤니티 내 응답률도 좋은 편이고, 유저들의 참여와 각종 이벤트도 많기 때문이다. 주로 국내 NFT의 최신 정보를 확인하기 좋고, 소통도 활발한 곳이다.

❻ 코인 가격과 거래량 체크

마지막으로 코인 가격과 거래량을 체크한다. 대부분 NFT는 토크노믹스와 연결되어 있다. 즉 토큰을 활용한 경제 시스템으로 연결되는 구조다. 따라서 NFT와 관련된 코인 정보를 아는 것도 중요하다. NFT를 구입하면 무상으로 코인을 지급해주는(에어드랍) 것도 많아서 코인 가격과 거래량은 항상 체크하면 좋다. 주로 사용하는 사이트는 '코인마켓캡(coinmarketcap.com)'이다.

NFT 유저를 위한 커뮤니티인 '좋은친구들'(출처: 좋은친구들 홈페이지)

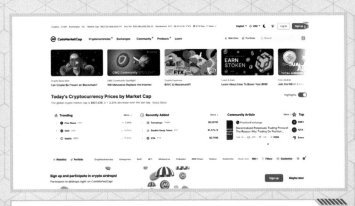

코인 가격과 거래량을 확인할 수 있는 '코인마켓캡'(출처: 코인마켓캡 홈페이지)

처음 NFT를 시작하는 사람이라면 누구나 우왕좌왕할 수밖에 없다. 어디서 정보를 찾아야 할지도 모르겠고, 주위에 알려주는 사람도 없다. 디스코드, 텔레그램 등 커뮤니티 앱도 익숙하지 않다. 앞서 살펴본 것처럼 NFT 관련 사이트와 커뮤니티는 정말 많다. 그중에서 오랜 시간 사용해보고 편한 사이트 위주로 정리해봤다. 다만 대부분 해외 프로젝트에 초점이 맞춰져 있다. 국내 NFT 관련 커뮤니티도 몇 개 가입해 이용하면 좋을 것이다.

늘 그렇지만, 투자에는 위험도 존재한다. 주식 종목방이 기승을 부리듯 NFT에 관한 잘못된 정보를 주는 커뮤니티도 있다. 항상 이점을 명심하고 신뢰할 만한 사이트에서 정보를 얻기 바란다.

사실 NFT시장은

누가 먼저 정보를 선점하느냐에

달려 있다고 말해도 과언이 아니다.

매일같이 새로운 이슈가 쏟아지는

NFT시장에서 리서치는 필수다.

NFT 거래 시
주의할 점

갑자기 사라지는 '러그풀'을 주의하라 ■■■■

NFT는 가상세계에서 재산권을 보장하는 수단으로 주목받고 있다. 그런데 새로운 걸 접할 땐 항상 조심해야 한다. NFT는 그 중에서도 더욱 자세히 살펴봐야 한다. 실제로 최근 NFT시장에서 는 각종 사건, 사고가 잇달아 발생했다. 전문가들은 관련 사기 범 죄가 해마다 늘고 있어, 투자자들의 주의가 필요하다고 지적한다.

국내에서는 NFT 프로젝트 운영자들이 갑자기 잠적하는 '러그풀' 사례가 발생하고 있다. 러그풀은 개발자가 갑자기 프로젝트를 중단하고 투자금을 갖고 사라지는 사기 수법을 말한다. 양탄자Rug를 잡아당기면Pull 위에 있던 이들이 순식간에 넘어진다는 비유에서 유래되었다.

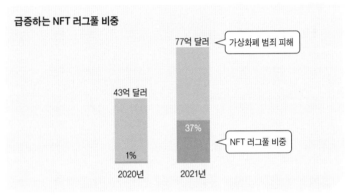

출처: 체이널리시스

블록체인 데이터 기업 체이널리시스Chainalysis에 따르면, 2021년 암호화폐 사기 범죄의 피해액은 77억 달러로 2020년 대비 81%가 증가했다고 한다. 특히 2020년 전체 피해액의 1%에 불과했던 '러그풀'은 2021년 전체 피해 규모의 37%를 차지할 정도로 빠르게 증가했다.

그러나 이것도 충분히 주의하고, 철저히 공부한다면 얼마든지 피할 수 있다. 다음은 NFT 거래에서 꼭 주의해야 할 점들을 정리해봤다.

| NFT 거래 시 주의해야 할 점 |

제작회사	- NFT를 발행하는 주체가 되는 회사(사업자)를 확인하자. - 등록일이 너무 짧으면 더 주의 깊게 살펴보자. - 주소지가 실제 있는 곳인지 확인하자.
파트너사	- 민팅 페이지나 자체 마켓플레이스 하단부에 위치하는 파트너사 표기를 잘 살펴보자. - 유명하거나 성공한 프로젝트가 있는 파트너사와 공식 파트너를 맺고 있다면 신뢰도가 상승한다.
팀	- 프로젝트에 신뢰할 수 있는 팀이 참여했는지 살펴봐야 한다. - 유명 아티스트와 기획자들이 참여했는지 확인하자. 그에 따른 퀄리티를 기대해볼 수 있을 것이다.
로드맵	휘황찬란한 로드맵을 적어두는 프로젝트가 많지만, 현실적으로 로드맵을 이행할 수 있는지 여부가 중요하다. 로드맵을 믿고 NFT를 구매하는 유저들이 많지만, 이행하지 않고 사업을 접고 도피하는 러그풀도 많이 일어나고 있다. 꼭 조심하도록 하자.

NFT에도 해킹이 있다고? ■■■■

우리는 앞서 블록체인에 대해 살펴봤다. 위변조가 불가능하고 해킹의 위험이 적다고 했다. 그런데 오해하면 안 되는 부분이 있다. 해킹이 전혀 불가능한 건 아니라는 점이다. 현재의 기술로는 "블록체인은 해킹이 불가능하다."라는 말은 100%라고 말할 순 없다. 블록체인 기술은 해킹이 불가능하다고 말하지만, 사용자의 심리를 이용해 실수를 유도하는 방식의 해킹 및 스캠 등이 있으니 조심해야 한다.

블록체인은 각 개인의 정보를 모두 공유하고 있다. 그래서 비교가 가능하기에 위변조가 불가능한 것이다. 그러나 이것이 원본의 '비밀성'을 보장해주지는 못한다. 해커가 이 정보를 어떤 방식을 통해 알아낸다면, 해킹이 가능한 것이다.

그리고 통장의 비밀번호와 같은 전자지갑의 키Key가 피싱 사이트나 스팸 메일을 통해 유출되면 NFT의 소유권이 넘어갈 수도 있다. 예를 들어 2022년 2월 19일에는 가장 큰 거래소인 오픈씨에서 피싱 공격이 발생했었다. 해커는 오픈씨 사용자 17명의 NFT 254개를 해킹을 통해 뺏어왔다. 해커는 탈취한 NFT를 룩스레어

Looks Rare를 통해 판매했다고 한다.

또한 악성 프로그램을 사용한 해킹도 있었다. 2022년 2월 3일 클레이튼 기반의 탈중앙화금융 서비스를 제공하는 클레이스왑 Klayswap에서도 해킹이 발생했었다. 해커 집단의 공격으로 약 22억 원 규모의 암호화폐가 탈취당했다. 해커는 인터넷 통신 경로를 설정하기 위해 사용하는 '경계 경로 프로토콜BGP'를 공격했다고 한다. 자신이 만든 악성 프로그램을 정상 프로그램 대신 실행하게 한 것이다.

이런 것만 봐도 NFT가 블록체인 기술만으로 우리를 해킹의 위험에서 보호해주지 못하는 것 같다. 그래서 이용자의 주의가 필요하고, 보완의 강화가 필요하다.

안전하게 보관하자 ▌▌▌▌

앞서 설명한 것처럼 NFT는 해킹에서 자유롭지 못하다. 특히 앞서 설치해본 메타마스크, 카이카스와 같은 지갑도 여기서 자유롭지 않다. 이런 해킹 문제를 해결하기 위해 '하드월렛Hard Wallet'을 사용하기도 한다. 하드월렛은 실물이 있는 오프라인 지갑을 뜻한다. 인터넷과 연결되지 않은 USB 형태이기 때문에 안정성이 뛰어나다. 그래서 현재 사용자가 늘고 있는 추세다. 다만 가격이 10만 원 이상 된다는 점이 단점이다. 그러나 많은 돈을 투자하는 사람이라면, 이 정도가 큰 금액은 아닐 것이다. 보안을 생각한다면 말이다.

하드월렛에는 '디센트'와 '렛저나노'가 많이 쓰인다. 디센트 지갑은 NFT 거래 시 지문이나 번호로 인증하며, 렛저나노는 USB 형태로 연결해 사용한다. 해외에서 가장 많이 쓰이는 보편적인 지갑은 렛저나노다.

내가 추천하는 방법은 지갑을 생성할 때 생성되는 시드구문을 꼭 적어서 보관하는 것이다. 시드구문은 비밀번호와 다르며 지갑 복구 등에 사용된다. 이런 기본적인 것만 지켜도 해킹을 어느 정도 막을 수 있을 것이다.

NFT에 다양한 형태의

사기와 해킹이 발생하고 있다.

따라서 이용자의 주의가 필요하고

더 강화된 보완이 필요하다.

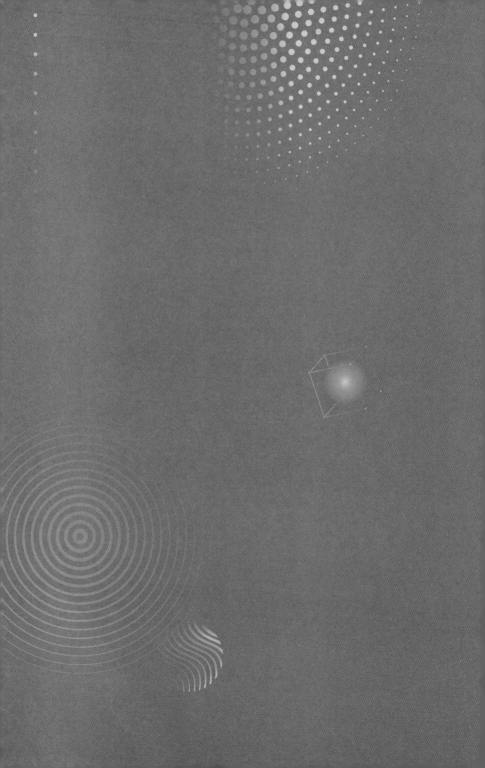

3부

NFT의 현주소

NFT는 현재 미술품뿐만 아니라 셀럽들에게 인기를 끄는 크립토펑크와 BAYC, 게임까지 다양한 분야에서 활용되고 있다. 기업들은 NFT 관련 스타트업에 투자를 이어나가고 있다. 앞으로 메타버스와 웹 3.0 시대를 맞으며 더 많이 활용될 것으로 보인다.

① 미술품 경매 시장에 등장한 NFT

소더비와 크리스티 ▪▪▎▎▎

'소더비Sotheby's'와 '크리스티Christie's'는 예술에 관심이 없더라도 각
종 뉴스와 기사로 한 번쯤은 들어봤을 법한 유명한 경매 기업이
다. 두 회사의 거래량을 합치면 전 세계 미술품 거래의 70%를 차
지한다. 이렇게 거대한 미술품 경매 기업에서 NFT를 거래하며 큰
이슈를 끌었다. 소더비는 NFT 관련 기업에 직접 투자까지 나서며

적극적이다. 200년이 넘는 역사와 전통을 자랑하는 크리스티는 NFT 전문가를 따로 채용했다.

최근 거래된 NFT 중 가장 고가에 속하는 NFT도 크리스티에서 거래되었다. 작가 '비플Beeple'의 작품인 <매일: 첫 5000일>인데 이 작품은 13년 동안 매일 한 점의 디지털 작품을 만들어 5천여 개의 작품을 모아놓은 형태로 6,930만 달러(약 780억 원)에 낙찰되며 화제를 모았다. 이 작품은 현존하는 디지털 작품 중 최고가를 경신했고, NFT를 다른 시각으로 보게 되는 계기가 된 큰 사건이기도 했다.

2021년 9월 크리스티는 또 한 번 가장 핫한 NFT 중 하나인 크립토펑크 경매를 진행한다. 크리스티 홍콩에서 크립토펑크의 경매가 이뤄졌으며 출품한 14점의 작품 모두 판매되었다.

낙찰 총액은 한화 약 185억 원(홍콩 달러 1억 2,164만 2,750달러) 규모였다. 이는 시장에 엄청난 뉴스가 되었고, 크립토펑크는 다시 한 번 이름을 날렸다. 콧대 높은 미술품 경매 기업에서 NFT는 연일 최고가를 경신하며 화제성을 만들어내고 있다. 거대 예술품 경매 기업의 NFT 경매는 웹 3.0에 점차 적응해가는 모습을 보여주는 듯하다.

약 780억 원에 낙찰된 비플의 〈매일: 첫 5000일〉(출처: 크리스티 경매 홈페이지)

가장 핫한 NFT 중 하나인 '크립토펑크'(출처: 크립토펑크 홈페이지)

명작을 NFT로, 극단적인 시도들 ■■■■

NFT를 판매해 수익을 얻기 위해 다양한 방법이 동원되기도 한다. 각종 캐릭터를 만들거나 2차 창작을 하거나 IP를 구매해 NFT를 발행하기도 한다. 그중 예술작품을 NFT로 발행하는 사례가 많다. 그러나 예술작품을 NFT로 발행하는 과정에서 생기는 문제점도 나타나고 있다.

2022년 7월 '프리다.NFT_Frida.NFT'의 CEO 마르틴 모바라크 Martin Mobarak는 행사를 열고 그림을 불태웠다. 이 그림은 멕시코의 유명 화가 프리다 칼로의 〈불길한 유령들〉이라는 작품이었다. 이 그림은 한화로 약 143억 원에 달하는 것으로 알려졌다.

이 사람은 무슨 생각으로 명작을 불태웠을까? 그는 "그림이 메타버스로 영원히 옮겨졌다."라고 표현했다. 이제 명작은 현실에선 볼 수 없고 1만 개의 NFT로 나눠 판매되고 있다.

앞서 말했듯 NFT는 복제가 불가능하며 고유성을 담보해주는 장치다. 일반적인 생각으론 현실에 있는 게 원본이라고 생각하기 쉽다. 그러나 현실에 원본이 없고, 메타버스상에 존재한다면 그 NFT가 원본이 되는 것이다.

이 행동은 미술계로부터 많은 비난을 받았다. 〈불길한 유령들〉은 이미 국가에서 보존하는 문화유산이었고, 이걸 파괴하는 행위는 큰 범죄로도 볼 수 있었다. 개인적인 견해로는 이 사건이 NFT 전체의 이미지를 훼손시켰다고 생각한다. 각종 스캠과 러그풀로 인해 침체된 시장 분위기가 한 번 더 훼손된 것 같다.

아니나 다를까 판매량이 저조한 것으로 보아 대중은 모바라크의 생각에 공감하지 못한 것 같다. 더욱이 멕시코 국립미술문학연구소INBAL에서는 모바라크가 불태운 그림이 복제품일 수도 있다고 말했다. 만약 복제품으로 밝혀진다면, 해당 NFT를 구입한 사람들의 피해는 누가 책임질 수 있을까?

이렇듯 최근 NFT시장에선 '아니면 말고' 식의 NFT가 많다. NFT를 구매할 때 관련 이슈를 꼼꼼히 체크해야 하는 이유다.

미술품 NFT의 딜레마 ■■▮▮▮

그렇다면 미술품을 NFT로 발행했을 때, 어떻게 사용할 수 있을까? 미술품을 투자 용도로 구입할 수도 있을 것이다. 그러나 대부분 미술품은 전시 목적으로 소비되는 경우가 많다. NFT의 경우 메타버스상에 전시할 수도 있으나, 현재로서는 매력적이지 않다. 그래서 차선책으로 디지털 액자를 사용하기도 한다. 디지털 액자에 NFT를 재생시켜 전시하는 것이다. 만약 이렇게 미술품 NFT를 소비할 다른 방법을 찾지 않는다면, 이 분야는 도태될 수도 있을 것이다.

'프리다.NFT'에서 불태운 〈불길한 유령들〉(출처: 유튜브 'FridaNFT')

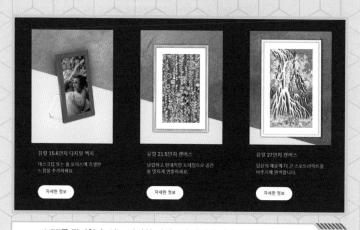

NFT를 전시할 수 있는 다양한 사이즈의 디지털 액자(출처: NETGEAR 홈페이지)

최초의 NFT가 미술시장에서
나온 만큼 다양한 시도가 이뤄지고 있다.
그러나 NFT화된 미술품을 어떻게
소비할 것인지는 계속 고민해볼 문제다.

셀럽들의 NFT,
크립토펑크와 BAYC

PFP의 시초, 크립토펑크 ▮▮▮▮

PFP의 시초라고 불리는 크립토펑크는 제너레이티브 아트를 사용한 NFT다. 크립토펑크의 인기는 다른 NFT가 쉽게 넘볼 수 없을 것만 같았고, 최고가는 연일 경신됐다. 미국의 슈퍼모델 하이디 클룸Heidi Klum, 유명 래퍼 제이지Jay Z, 미국의 그랜드슬램 타이틀을 보유한 테니스 선수 세레나 윌리엄스Serena Williams 등 셀럽들의 구매로 크립토펑크는 유명세를 쌓아갔다.

가장 비싸게 거래된 NFT 중 하나로 손꼽히는 크립토펑크 #5822는 2022년 3월 기준 무려 약 8천 이더리움에 거래가 이뤄졌고, 당시 이더리움 시세로 우리 돈 300억 원이 넘는 금액이었다. 다음은 관련해 보도된 기사다.

크립토펑크에서 사상 최고가인 8천 이더리움에 판매된 작품이 나왔습니다. 요즘 이더리움 시세로 환산하면 300억 원 가까이 되네요. 주인공은 두건 쓴 외계인을 묘사한 #5822입니다. 세계 최대 NFT(대체 불가능 토큰) 거래 장터인 오픈씨에서 팔렸고, 블록체인 스타트업 체인의 디팔 타플리얄 최고경영자(CEO)가 사들인 것으로 확인됩니다. 이전까지 크립토펑크 최고가 기록은 지난해 6월 소더비 경매에서 약 150억 원에 팔린 #7523이었습니다. 크립토펑크는 NFT라는 개념이 생소하던 2017년 6월 1만 개가 발행됐어요. 초창기엔 무료로 뿌리기도 했는데, 갈수록 '억' 소리 나는 가격이 놀랍습니다.*

---

* 임현우, '이 그림 300억… 크립토펑크 #5822 사상 최고가', 한국경제, 2022년 2월 15일

크립토펑크가 대중에 알려지게 된 사건 중 하나인 소더비에서 경매된 #7523도 유명하다. 외계인이 마스크를 쓰고 있는 그림으로, 소더비 경매에서 약 1,175만 4,000달러(한화 약 140억 원)에 거래되기도 했다. 사실 크립토펑크는 2017년에 발행됐다. 이때는 코로나가 없었다는 점에서 높은 가치를 형성했던 것 같다. 연일 경신되는 최고가와 셀럽들의 구매로 크립토펑크는 NFT계의 공룡으로 성장했다.

약 3천억 원에 거래된 크립토펑크 #5822(출처: 크립토펑크 홈페이지)

크립토펑크를 대중에게 알리기 시작한 #7523(출처: 크립토펑크 홈페이지)

신흥 강자 BAYC ▮▮▮▮

그러나 2021년 혜성같이 나타난 유가랩스_{Yuga Labs}의 BAYC는 그 견고한 벽을 넘어섰다. 다시 봐도 세계관 자체가 기존의 틀을 깨는 아주 재밌는 기획이었다. 돈이 너무 많아 모든 게 재미 없어진 지루한 원숭이 BAYC의 기괴하면서도 위트 넘치는, 그러면서도 조금은 불편한 디자인이 밈_{Meme} 문화*에 익숙해진 MZ세대에게 제대로 먹혀든 것이다.

NBA의 농구 전설이자 스포츠 분석가인 샤킬 오닐_{Shaquille O'neal}은 BAYC #9018을, 미국의 유명 코미디언 지미 펄론_{Jimmy Fallon}은 #599와 #9055를, 패리스 힐튼_{Paris Hilton}은 #1294를, 유명 뮤지션 저스틴 비버_{Justin Bieber}는 #3001과 #3805를 보유하고 있다.

다수의 셀럽이 BAYC를 구매하면서 BAYC의 커뮤니티는 더욱더 성장했다. 커뮤니티 파티나 모임에서 셀럽을 만났다는 후기도 종종 볼 수 있게 되었다. 이렇게 BAYC에 대한 홀더들의 충성도는 높아졌고, 회사는 연계 프로젝트에서 홀더들에게 혜택을 주고

---

* 유전적인 방법이 아닌 다른 방법으로 사람에게 전달되는 것을 말한다.

에어드랍도 해줬다. 이 같은 BAYC의 행보는 지금 NFT 로드맵의 근본이자 기초가 됐다.

숫자로 보는 BAYC	
0.08이더리움	최초 BAYC NFT 판매 가격(약 220달러)
769이더리움	현재 BAYC NFT 최고 가격(약 230만 달러)
6,400명	BAYC를 보유한 홀더의 수
1만 개	BAYC NFT 전체 수량
4조 1,500억 원	BAYC 누적 거래액
4조 5,000억 원	최근 평가된 유가랩스 기업 가치

출처: 유가랩스, 논편지블닷컴(2022년 4월 28일 기준)

BAYC는 이런 분위기를 타고 아디다스와 협업하며 한정판을 발매했고, 위스키 회사 '몽키숄더Monkey Shoulder'와도 콜라보했다. 최근에는 그 힙한 매력을 무기로 세계관을 넓혀가고 있다. 또한 BAYC는 2차 저작권을 NFT 소유자가 갖게 해 NFT의 이미지를 훼손하지 않는 한에서 자유롭게 이용 가능하게 하고 있다. 햄버거 브랜드 체인점, 골프웨어 등 많은 상품이 홀더들에 의해 제작되고 있다. 이는 자연스러운 2차 마케팅의 형태로 볼 수 있다.

BAYC 개발사 유가랩스는 마침내 크립토펑크의 IP를 인수하기에 이른다. 이미 NFT 시가총액의 상당수를 차지하고 있던 크립토펑크를 인수한 건 정말 대단한 사건이었다.

BAYC의 성공으로 유가랩스의 기업 가치는 4조 원에 이르렀고 (2022년 4월 기준) 'Ape'라는 코인을 성공적으로 상장했다. 많은 사건, 사고가 있지만 현재 NFT 개발사 중 손에 꼽는 대형 개발사로 성장했다. 이후에도 뮤턴트 에이프 요트 클럽MAYC, 보어드 에이프 컨넬 클럽BACK 등 연계 프로젝트들이 흥행을 이어가고 있다. 이제 NFT와 PFP에서 BAYC를 빼고는 이야기할 수 없다. PFP의 시초인 크립토펑크, 신흥 강자인 BAYC를 꼭 기억해두자.

아디다스가 BAYC와 협업해 판매한 한정판 NFT(출처: 아디다스 트위터)

몽키숄더가 BAYC와 협업해 판매한 한정판 제품(출처: 몽키숄더 트위터)

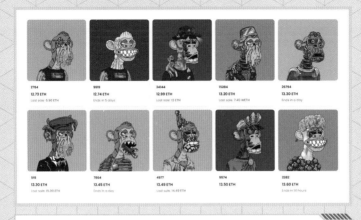

BAYC의 연계 프로젝트인 MAYC(출처: 오픈씨 홈페이지)

BAYC의 연계 프로젝트인 BACK(출처: 오픈씨 홈페이지)

크립토펑크와 BAYC는

셀럽들에게 많은 사랑을 받고 있다.

많은 브랜드가 이들과 협업하고 있으며,

파생 프로젝트도 많이 생겨나고 있다.

③ 성장하는 NFT시장

대퍼랩스, NFT시장의 한 획을 긋다 ∎∎∎∎∎

NFT를 이야기할 때 빠질 수 없는 개발사가 있다면 그건 대퍼랩스일 것이다. 대퍼랩스는 앞서 이야기한 크립토키티의 개발사다. 이뿐만 아니라 'NBA Top Shot'과 Flow코인의 개발사이기도 하다. NFT시장의 한 획을 그은 개발사라고 해도 과언이 아닐 것이다.

스포츠 컬렉터블 NFT 플랫폼의 1인자라고 할 수 있는 'NBA Top Shot'은 주간 거래량이 1억 2,500만 달러, 우리 돈으로 약 1,400억 원에 이르는 엄청난 규모를 자랑한다(2021년 2월 마지막 주 기준). 'NBA Top Shot'은 프로 스포츠 시장의 새로운 수익 모델의 가능성을 보여줬다. 대퍼랩스는 NFL(미식축구), UFC(이종격투기)로 또 한 번 제2의 'NBA Top Shot'을 준비하고 있다. 국내 기업 삼성전자도 대퍼랩스에 투자하며 NFT 생태계에 적극적으로 뛰어들고 있다.

삼성전자의 투자 자회사 삼성넥스트는 2022년 8월 6개의 스타트업에 투자했다고 한다. 그중 6개가 블록체인과 P2E 게임 등 NFT 생태계와 연관된 회사였다. 삼성넥스트는 지금까지 시류에 맞는 신사업에 꾸준히 투자했다. 2021년 3월 NFT 거래 플랫폼 업체인 슈퍼레어를 시작으로 대퍼랩스, 알케미, 니프티스, 페이즈, 오프 등 NFT 생태계와 관련된 다양한 스타트업에 투자했다. 이들 기업은 다양한 분야에서 NFT를 활용하며 성장하고 있다.[*]

---

[*] 노우리, 'NFT 스타트업 투자 속도 내는 삼성… TV에도 NFT 기능 강화', 뉴스1, 2022년 8월 8일

시장의 확대와 대중성을 이끌다 ■■■■

대퍼랩스를 이끌고 있는 믹 나엠Mik Naayem 공동창업자CBO는 "일반 사람들이 블록체인을 직접 사용하고 체험하기 쉽도록 도와주는 도구로 NFT를 주목하고 있다."라고 하면서 "NBA나 야구 카드 수집가들 사이에서 이해가 높다."라고 말했다.

믹 나엠은 NFT가 단순히 암호화폐의 도구가 아닌 실물에 가깝다고 주장한다. 그는 야구 카드를 예로 들며 "NBA 카드는 고객 유지율이 70~90%에 달한다."라고 하면서 "중요한 것은 사람들이 계속해서 다시 돌아오고 싶어 한다는 점이며 이것이 NFT의 힘"이라고 말했다.

대퍼랩스의 이런 행보는 다양한 스포츠 장르가 NFT에 뛰어드는 계기가 되었다고 해도 과언이 아니다. 최근에는 구글과 파트너십을 맺고, 미국 정부에 NFT 개발사로는 처음으로 로비 회사로 등록하는 등 공격적인 사업 확대에 나서고 있다. 대퍼랩스의 성장과 함께 NFT 시장도 확대될 것 같아 벌써부터 기대된다.

A game centered around collecting, raising, and battling fantasy creatures called Axies.

Window to the metaverse. Hardware and software solutions for NFTs.

A developer platform that helps companies to build reliable decentralized applications.

Developer of a web 3 social platform designed to enhance human-to-human connection online to make social more safe, fun, secure, and free.

A limited NFT collection where the token itself doubles as your membership to a swamp club for apes.

Bright Moments is an operator of decentralized autonomous organization intended to specialize in live NFT minting experiences.

Dank Bank will soon let you trade and collect authentic, licensed, grass-fed NFTs of memes and other iconic moments in internet history.

The serious business of fun and games on the blockchain.

DSRV is South Korea's leading validator and infrastructure provider for more than 20+ top blockchain networks.

Building economic technology for games using blockchain.

A cryptocurrency derivatives exchange company built by traders, for traders.

Genopets is a non-fungible token (NFT) "move-to-earn" game where players are rewarded for the steps they take in real life.

삼성넥스트에서 투자하는 다양한 NFT 기업(출처: 삼성넥스트 홈페이지)

대퍼랩스의 NFT들(출처: 대퍼랩스 홈페이지)

다양한 모습으로 녹아드는 NFT ■■■■

언론에서는 NFT시장이 침체기라고 말하기도 한다. 그러나 현실은 다르다. NFT시장의 파이는 오히려 점점 커지고 있다. 여러 기업이 NFT를 다양한 모습으로 우리 생활에 적용하고 있는 것이다.

최근 TV에서는 가상인간이 광고에 출연하는 경우가 많아지고 있다. 가상인간을 모델로 사용하면 모델비도 절감되며 여러 위험부담이 사라진다. 예를 들어 해당 광고의 모델이 음주운전이라도 할 경우 광고도 영향을 받게 된다. 이런 이유 때문에 가상인간의 활동 범위는 점점 확장되고 있다. 나중에는 영화, 드라마까지 진출할 수도 있을 것이다.

그런데 최근 가상인간 형태의 NFT를 발행하는 경우도 생기고 있다. 기존에 NFT는 정지된 형태인 경우가 많았다. 그래서 프로필 사진으로 사용하거나 디지털 액자에 담아 전시하는 경우도 있었다. 그러나 가상인간 형태의 NFT를 발행해 인공지능을 심는다면 어떨까? 인공지능을 갖게 된 NFT는 스스로 학습하게 될 것이고, 다양하게 활용될 수 있을 것이다.

이 외에도 최근 세계적인 자동차 업체인 포드_{Ford}는 가상자동차

산업에 뛰어들었다고 한다. 단순히 게임 속 자동차 아이템 수준

이 아니다. 가상세계에서 사용할 자동차 부품과 액세서리를 만든

다고 한다. 이런 걸 보면 점차 현실세계가 가상세계로 옮겨지고 있

다는 말이 과언은 아닌 것 같다.

대퍼랩스를 시작으로

현재 다양한 NFT 회사가 투자를 받고 있다.

그리고 대기업들은 이런 회사들과 협업해

실생활과 연관된 다양한 상품을 내놓고 있다.

NFT의 확장은 우리가 생각하는 것

이상일지도 모른다.

NFT 그리고 메타버스

메타버스란 무엇인가?

메타버스는 NFT와 떼놓고 얘기가 불가능하다. 메타버스는 코로나19로 더욱더 주목받기 시작한 플랫폼이다. 우선 메타버스의 뜻을 살펴보자. 메타버스란 '가공, 추상'을 뜻하는 그리스어 메타Meta와 '현실세계'를 뜻하는 유니버스Universe의 합성어다. 가상현실, 증강현실의 상위 개념으로 디지털 기반의 사이버 가상세계로 확장해 가상공간에서 현실의 모든 활동을 할 수 있게 만드는 플랫폼이라고 생각하면 쉽다.

메타버스는 코로나19로 인해 빠르게 성장했다. 비대면 문화가 일상화되면서 메타버스 플랫폼 로블록스Roblox의 이용자 수는 1억 명, 제페토Zepeto의 이용자 수는 2억 명을 웃돌고 있다. 컨설팅 전문회사 맥킨지앤컴퍼니McKinsey&Company에 따르면 2030년까지 메타버스의 시장 규모는 1,700조 원까지 성장할 전망이라고 한다.

메타버스 안 가상의 경제 시스템을 작동하게 하려면 가상의 자산이 필요하다. 메타버스 안의 경제활동은 NFT 기반 디지털 자산으로 거래된다.

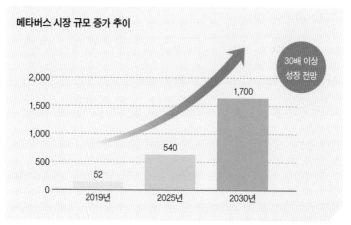

출처: 컨설팅 전문회사 맥킨지

메타버스 세계의 필수 재화, NFT ■■■■

이렇듯 메타버스 세계에서 NFT는 필수 조건 중 하나다. 따라서 메타버스가 성장하면 NFT도 함께 성장할 수밖에 없다. 코로나19로 더 빨리 상용화에 나선 메타버스 플랫폼들은 현재도 생겨나는 중이다.

바야흐로 지금은 메타버스 플랫폼 경쟁 시대가 아닐까 싶다. 글로벌 플랫폼부터 한국 시장을 겨냥한 플랫폼까지 많은 플랫폼이 운영 중이다. 그러나 이렇게 많은 메타버스 플랫폼도 콘텐츠가 갖춰지지 않으면 속 빈 강정이 될 수 있다. 실제로 많은 메타버스 플랫폼이 이런 문제를 겪고 있다.

메타버스의 대표 주자로 불리는 로블록스에 대해 알아보자. 2004년 설립된 이 회사는 미국 16세 미만 청소년의 55%가 가입되어 있다는 통계가 나올 정도로 많은 유저를 확보하고 있다. 단순하면서도 친근한 레고 모양의 디자인으로 청소년 유저들 사이에서 인기가 높다. 게임을 직접 만들고 플레이 할 수 있으며 다른 사람이 만든 게임도 해볼 수 있다. 게임의 수가 5천만 개가 넘는다고 하니 엄청난 다양성을 자랑한다고 할 수 있다. 사용자와 개발자가 모두 존재하며 사용자이자 개발자인 사람이 950만 명에 달한다.

　최근 코로나19 이후 대부분의 학생이 등교를 다시 시작하면서 로블록스의 주가가 살짝 떨어졌다는 이야기도 있다. 로블록스는 게임 쪽에 치중되어 있는 경향이 있다고 말하는 사람들도 있다. 그러나 메타버스에서 로블록스의 영향력은 아직도 엄청나다. 기업들과의 활발한 협업이 이뤄지며 로블록스의 가치는 계속 상승 중이다.

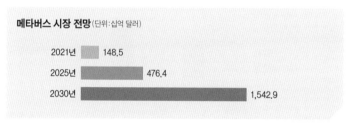

메타버스 시장 전망 (단위:십억 달러)

2021년	148.5
2025년	476.4
2030년	1,542.9

출처: PWC, 이베스트투자증권 리서치센터

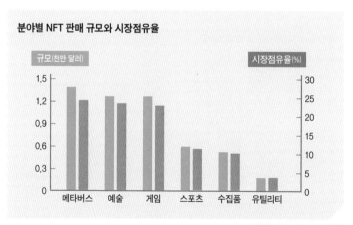

분야별 NFT 판매 규모와 시장점유율

규모(천만 달러)　　　　시장점유율(%)

출처: Non-fungible.com, SK증권

메타버스 테마주를 사들이는 서학개미 (단위: 십억 달러)

로블록스	4,827
알파벳(구글)	4,511
메타	4,058
마이크로소프트	2,103
텐센트	1,816

•2022년 6월 14일~7월 1일 기준

출처: 한국예탁결제원

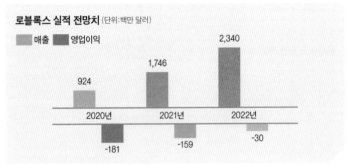

로블록스 실적 전망치 (단위: 백만 달러)

■ 매출 ■ 영업이익

	2020년	2021년	2022년
매출	924	1,746	2,340
영업이익	-181	-159	-30

출처: 미래에셋증권

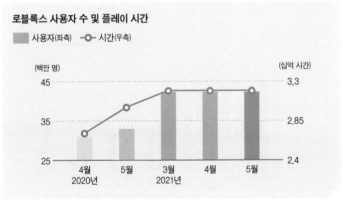

로블록스 사용자 수 및 플레이 시간

■ 사용자(좌측) ─○─ 시간(우측)

(백만 명)   (십억 시간)

	4월 2020년	5월	3월 2021년	4월	5월

출처: 로블록스, 미래에셋증권

메타버스의 미래? 메타의 '호라이즌' ■▮▮

마크 저커버그는 최근 페이스북의 사명을 메타$_{Meta}$로 변경한 후 '호라이즌$_{Horizon}$' 출시를 발표한 후 연일 파격적인 행보를 하고 있다. 천문학적인 투자와 함께 세계 정상급 개발자들이 메타로 모여들고 있으니 주목해야 한다.

팬데믹의 영향으로 많은 온라인 플랫폼을 이용해 사람들이 연결됐다. 물론 일각에서는 한계가 있다는 의견도 있다. 그러나 많은 전문가는 메타버스로 이 한계를 극복할 수 있다고 말한다.

특히 마크 저커버그의 메타는 사람과 사물이 함께 존재하는 형태의 메타버스를 구현한다고 발표했다. 이미 전 세계 가입자 수 29억 명(2021년 기준)에 달하는 페이스북을 운영 중인 마크 저커버그가 메타버스에 관심을 보인다고 하니 메타버스 관련 시장은 들썩이기 시작했다.

'호라이즌'은 기존 메타버스와 다르게 VR헤드셋을 착용하고 이용해야 한다. 그리고 메타버스 안에서 거의 모든 게 가능하게 구현될 예정이다. 또한 지연 현상이 적고 실시간으로 의사소통이 가능하게 개발 중에 있다고 한다. 메타의 발표처럼 VR헤드셋을 착

메타는 호라이즌을 통해 메타버스 세계를 구현하고 있다(출처: 호라이즌 홈페이지)

호라이즌 이용에 필요한 VR헤드셋인 '오큘러스 퀘스트2'(출처: 호라이즌 홈페이지)

용한 후 메타버스 공간 안에서 자유롭게 물건 제어, 음성 인식 등이 가능하게 된다면 우리가 1990년대에 꿈꿔왔던 상상 속의 일들이 가상공간에서 이뤄질 수도 있다. 실제 서비스가 이뤄지면 엄청난 혁신일 것이다.

현재 발매된 하드웨어인 VR헤드셋 오큘러스 퀘스트2Oculus Quest2를 이용해 호라이즌 워크룸과 호라이즌 월드 등을 이용할 수 있으며 다양한 콘텐츠 등을 지속해서 개발 중에 있다. 다만 VR헤드셋이 필요하다는 점은 대중화로 가는 데 걸림돌이 되는 듯하다.

아직까진 VR헤드셋에 익숙하지 않은 사람들이 많다. 그래서 우려의 목소리가 나오고 있고 대중화까지는 상당한 시간이 소요될 것 같다. 그래도 천문학적인 투자와 세계 정상급 개발자들이 모인 호라이즌 프로젝트가 메타버스의 미래를 좀 더 앞당기지 않을까? 다양한 콘텐츠가 대거 발매를 앞두고 있는 메타의 프로젝트가 기대된다. 이 외에도 주목할 만한 메타버스 플랫폼으로는 더 샌드박스, 한국의 제페토 등이 있다.

점차 성장하고 있는 국내 메타버스 플랫폼 '더 샌드박스'(출처: 더 샌드박스 홈페이지)

국내 대표적인 메타버스 플랫폼 '제페토'(출처: 제페토 홈페이지)

메타버스 안의 경제 시스템을 작동하려면

가상의 자산이 필요하다.

이때 사용되는 게 NFT 기반 디지털 자산이다.

따라서 메타버스가 성장하면

NFT도 성장할 수밖에 없다.

웹 3.0 시대의
NFT

웹 2.0에서 웹 3.0으로 ■■■■■

현재 지금의 인터넷으로 볼 수 있는 웹 2.0에서 웹 3.0으로 급

격한 변화가 일어나고 있다. 그리고 많은 사람이 디지털 지갑을 사

용해 금융 거래를 하기 시작했다. 일명 '탈중앙화 금융'이다. 사람

들은 웹 3.0 시대가 오면서 은행이 사라질 수도 있다고 말한다. 편

하고, 빠르고, 안전하고, 비대면으로 해결할 수 있는 웹 3.0 시대는

코로나19로 인해 예상보다 빨리 우리에게 다가오고 있다.

읽고 쓰기만 가능했던 기존의 웹 2.0에서 읽고, 쓰고, 소유까지 가능해지면서 데이터를 소유할 수 있는 시대가 찾아왔다. 빠르고 쉬운 데이터 소유권의 확보가 가능한 NFT가 생겨났고, 제4차 산업혁명은 이미 웹 3.0와 함께 발전하고 있다. 또한 메타버스, AI, 블록체인 등 여러 기술이 융합되며 시너지를 이뤄냈다.

| 세대별 웹 구분과 특징 |

	웹 1.0	웹 2.0	웹 3.0
소통 방식	읽기만 가능	읽기·쓰기	읽기·쓰기·소유
매체	고정 텍스트	상호 콘텐츠	가상 경제
운영 주체	회사	플랫폼	네트워크
인프라	개인 컴퓨터	클라우드·모바일	블록체인 클라우드
운영 권한	탈중앙화	중앙화	탈중앙화

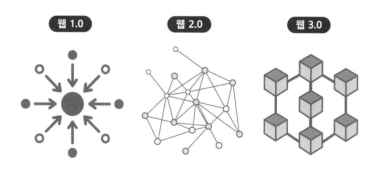

웹 3.0 시대를 앞당긴 NFT ■■■▮

삼성전자는 2021년 자회사인 삼성넥스트를 통해 미국의 스타트업 '미스틴랩스Mysten Labs'에 투자했다. 미스틴랩스에 따르면 삼성넥스트는 3,600만 달러(약 425억 7천만 원) 규모의 시리즈A 투자 참여사 중 한 곳이라고 한다. 그렇다면 미스틴랩스는 무슨 일을 하는 회사일까? 미스틴랩스는 메타의 암호화폐 지갑 '노비Novi'의 엔지니어들이 퇴사 후 창업한 스타트업이다. 현재 웹 3.0 인프라 개발에 적극 나서고 있다.

국내 IT 기업뿐만 아니라 글로벌 기업들도 적극적으로 웹 3.0에 투자하고 있다. 세계 최대의 IT 기업인 구글은 대퍼랩스와 손을 잡았다. 메타도 일찌감치 회사 이름을 바꾸며 메타버스 기업으로 체제 전환을 꾀하고 있다. 디지털 결제 기업인 스퀘어Square도 비슷한 이유로 회사 이름을 블록Block으로 바꿨다.*

웹 3.0이 차별화되는 건 기존의 웹 2.0과 달리 읽고 쓰는 것은 물론 소유도 할 수 있기 때문이다. 미국의 IT 벤처 투자 전문 회사

---

* 황건강, '빅테크 "블록체인·NFT 활용" 웹 3.0 플랫폼 개발 경쟁', 중앙선데이, 2021년 12월 25일

인 '안데르센 호로위츠Andreessen Horowitz'는 웹 3.0을 다음과 같이 설명한다. "개발자와 사용자가 함께 소유하고 조율하는 인터넷"

최근에는 기술이 발전하는 속도가 웹 3.0이 발전하는 속도를 따라가지 못하고 있다. 그래서 웹 3.0은 개척되지 않은 미지의 세계로 남아 있다. 미래에셋증권 이학무 선임연구위원은 "최근 몇 년 새 블록체인 기술과 NFT, 메타버스가 등장하면서 웹 3.0의 시대를 앞당기고 있다."라고 말했다.

웹 2.0과 웹 3.0의 가장 큰 차이는 해당 콘텐츠를 읽는 데 그치는 게 아닌, 소유할 수 있다는 데 있다. 웹 2.0의 경우 전산 오류, 해킹, 서비스 사업자의 정책 변경 등으로 콘텐츠가 사라지거나 일부 유실되면 소유권을 주장하기 어려운 부분이 있다. 그러나 블록체인 기술을 바탕으로 NFT와 결합한 웹 3.0에선 이럴 걱정이 없다.

앞으로 웹 3.0이 보편화되면 인터넷에 콘텐츠를 올리는 사용자와 플랫폼 업체 간 구분이 사라질 것이다. 예를 들어 유튜브에 영상을 올리는 사용자와 플랫폼 업체인 구글 간의 명확한 경계선이 사라진다는 얘기다. 웹 3.0에서는 블록체인이 서버 역할을 한다. 따라서 구글이 유튜브 서비스를 종료해도 서비스의 기반이 되는 블록체인만 사라지지 않으면 콘텐츠인 유튜브는 계속 존재한다.

특히 웹 3.0 환경에서 창작되는 콘텐츠는 NFT이기 때문에 복사나 수정이 불가능하다. 수익 역시 사용자가 온전히 가져갈 수 있다.

웹 3.0 가상지갑 사용자 추이

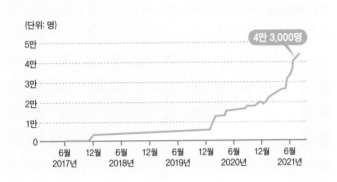

출처: 그레이스케일

웹 2.0과 웹 3.0의 가장 큰 차이는

해당 콘텐츠를 읽는 데 그치는 게 아니라

소유할 수 있다는 데 있다. 수익 역시

사용자가 온전히 가져갈 수 있다.

4부

NFT는
이제 시작이다

아직 한국의 NFT시장은 국내에만 머물러 있다. 그러나 최근 글로벌 흥행을 목표로 하는 스타트업이 많이 생겨나고 있다. 앞으로 각종 규제가 완화되고 관련 법안이 제정되면 글로벌 마켓에서 한국형 NFT를 만나게 될 날이 올지도 모른다.

한국의
NFT시장

한국산 NFT의 한계 ■■■■

NFT시장이 커지면서 파생되는 시장의 규모도 엄청나다. 온라인 콘텐츠의 저작권을 확실하게 증명해주는 NFT의 등장으로 콘텐츠 시장에 새로운 바람이 불고 있다. 창작자와 소비자 모두 직접적인 보호를 받을 수 있다는 점에서 아트 NFT시장이 성장하고 있으며, 대형 블록체인 거래소에서도 NFT를 론칭하고 있다. 한국형 NFT 거래소들이 성장해 오픈씨를 뛰어넘는 날도 오지 않을까?

현재 NFT는 홍콩, 싱가포르, 중국, 필리핀 등에서 강세를 보이고 있으며 많은 거래량을 기록하고 있다. 그중 한국은 10위에 머물러 있다. 아직까지 규제가 많은 한국 시장에서 NFT는 큰 두각을 나타내고 있지는 않다. 한국에서 글로벌 시장으로 뻗어나가는 대형 NFT 개발사가 나오려면 규제가 완화되어야 한다고 생각한다.

세계 최대 NFT 거래소인 오픈씨에서 한국산 NFT는 찾아보기 힘들다. 아무래도 글로벌 흥행 NFT들이 이더리움체인을 기반으로 하고 있는 것에 비해, 우리나라 NFT는 클레이튼체인 기반으로 제작이 되는 것도 그 이유 중 하나라고 생각한다.

또한 한국의 NFT시장은 NFT의 유틸리티적인 측면에 집중되어 있기에 글로벌에서 약세를 보일 수도 있다고 생각한다. 한국 안에서만 혜택을 받을 수 있는 로드맵들이 많기 때문이다. 최근 이런 문제점을 해결하기 위해서 디스코드, 텔레그램 등에서 영문으로 운영을 하고 혜택을 온라인 쪽으로 치중하는 한국 NFT 개발사도 많아졌다.

다양한 콘텐츠가 필요하다 ▮▮▮▮

글로벌 시장은 놀라울 만큼 "이게 왜?"라는 NFT도 쉽게 볼 수 있다. 최근에 접한 '고블린타운'이란 NFT도 그랬고, 어린 시절 스케치북에 낙서하듯 재미나게 그려낸 ABC의 NFT도 그랬다. 로드맵과 채굴 등의 기능이 없어도 캐릭터 특유의 이미지와 세계관으로 상위 랭크에 올라가기도 한다.

물론 NFT시장에서 어느 것이 "옳다."라고 말할 순 없다. 그러나 한국은 유독 정확한 근본과 유틸리티를 앞장세운 NFT들이 강세를 이루고 있다. 큰 백화점을 만들어놨는데, 상품이 부족한 것과 같다. 그렇기에 화려한 로드맵과 기능적인 면만 앞세워 민팅을 하고 사라지는 러그풀과 각종 스캠도 많이 나오는 것 같아 마음이 좋지 않다.

그래도 최근 대기업에서 NFT시장에 활발하게 참여하고 있고, 정부에서도 관련 법안에 대한 이야기가 계속되는 걸 보면 이제 시작이라는 긍정적인 생각도 든다. 글로벌 시장으로 뻗어나가는 대형 NFT 개발사가 한국에서 나오려면 각종 규제가 완화되고 관련 법안들이 신속하게 규정되어야 한다고 생각한다. 시장의 약세 속에서도 한국의 코인 거래소에서 앞다퉈 NFT 거래소를 론칭하고 있다는 점도 희망적이라고 생각한다. 현재 업비트, 코빗 등 다양한 대형 거래소에서 NFT 거래가 가능하다.

P2E, 가상자산 사업자 등 NFT 규제가 완화된다면 한국형 NFT도 글로벌 마켓에서 만날 수 있지 않을까? 앞으로의 귀추를 주목해보자.

국내 NFT 거래소인 '코빗'(출처: 코빗 홈페이지)

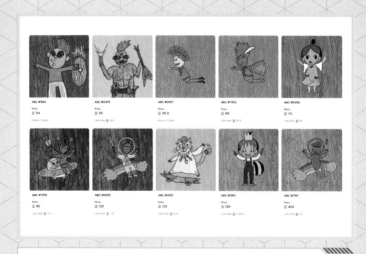

스케치북에 낙서하듯 재밌게 그린 ABC의 NFT(출처: 오픈씨 홈페이지)

아직 세계 무대에서 한국산 NFT는

큰 두각을 나타내지 못하고 있다.

그러나 앞으로 규제가 완화되고

한국만의 독특한 NFT가 나온다면

좋은 성과를 거둘 수 있을 것이다.

시장의 변동성과 위험 요소

침체기를 맞은 NFT시장 ▮▮▮

이미 NFT 기술은 스포츠, 미술, 게임, 음악 등 다양한 곳에서 활용되고 있다. 2019년 7,500만 달러였던 시장 규모는 2년 만에 33억 8천만 달러로 약 45배 성장했고. 현재 NFT시장은 정확한 규제와 입법 없이 뻗어나가고 있다.

블록체인과 필연적으로 운명을 같이하는 NFT는 블록체인의 영향을 많이 받을 수밖에 없다. 코인 시장이 침체되면 같이 하락하는 분위기가 형성되고, 거래량도 소극적으로 바뀐다. 최근 미국의 금리 인상과 함께 많은 자금이 안전 자산으로 이동하면서 NFT는 또 한 번의 침체기를 맞았다.

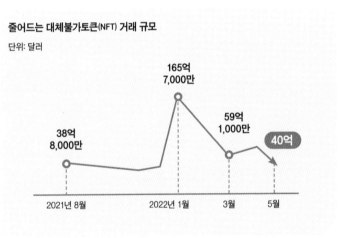

줄어드는 대체불가토큰(NFT) 거래 규모

단위: 달러

165억 7,000만

59억 1,000만

40억

38억 8,000만

2021년 8월　　　2022년 1월　　　3월　　5월

출처: 더블록

그래도 기회는 있다 ■▪▪▪

정부의 규제가 변할 때마다 몇 차례씩 희비를 맛본 블록체인 시장은 현재 조금은 의기소침해진 모양새다. BAYC의 인스타그램이 해킹을 당하면서 홀더들의 신뢰도가 떨어진 사건도 있었다. 해킹 문제는 앞으로 NFT가 해결해야 할 큰 숙제다. 화려한 로드맵을 미끼로 민팅을 하고 도망가는 러그풀도 많이 일어나는 상황이다.

미국 금리 인상의 여파로 2021년부터 본격화된 NFT 열풍 역시 주춤하고 있는 모양새다. 글로벌 NFT 거래액과 가격이 절반 이상 줄어들며, 전문가들은 우후죽순 늘어난 NFT에 대한 옥석 가리기가 시작되었다고 조언한다.

그래도 아직 기회는 있다. 업계 전문가들은 참을성을 갖고 NFT의 비전을 믿을 필요가 있다고 조언한다. 세계 최대 가상자산 거래소 바이낸스Binance의 창업자 자오창펑趙長鵬은 "인터넷도 초기에는 거품이 있었고 결국 문제가 터졌지만, 그것이 인터넷을 말살시키지는 않았다."라며 "(블록체인과 NFT의) 기술 자체는 주목할 필요가 있다."라고 말했다.

메타 또한 가상자산(암호화폐) 시장 침체에도 불구하고 NFT 사업을 지속할 것이라는 의지를 재확인했다. 2022년 7월 6일 〈파이낸셜타임즈〉와의 인터뷰에서 스테판 카스리엘Stephane Kasriel 메타 핀테크 책임자는 "블록체인 산업이 약세장에 진입했지만 메타의 NFT 사업 계획은 변경된 사항이 없다. 메타가 그리는 미래는 플랫폼 내 사용자 수억 명이 NFT를 수집하고, 수백만 명이 NFT 제작에 참여하는 것"이라고 말했다. NFT시장은 이제 막 시작되고 있다고 말해도 과언이 아니다. 한국도 NET시장의 성장과 함께 제도적 방안을 함께 마련해야 한다고 생각한다.

2022년 6월 NFT 투자자들을 위해 『대체불가 토큰 거래 시 유의해야 할 저작권 안내서』를 발간하는 등 국가에서도 NFT 투자자를 보호하기 위한 행동에 나서고 있다. 민팅 사이트를 해킹하거나 마켓플레이스를 교묘하게 위장하는 사례도 많으니 꼭 공식 홈페이지에서 제공하는 링크만 접속하도록 하자. 관련 법이 재정되기 직전이기에 신중하게 구매가 이뤄져야 할 것이다.

인터넷도 초기에는 거품이 있었고

결국 문제가 터졌지만,

그것이 인터넷을 말살시키지는 않았다.

NFT의 위기는
기회일까?

'High Risk, High Return'의 함정 ■■■■

2021년 NFT는 엄청난 성장을 했다. 프로젝트들은 흥행에 성공했다. 그러나 블록체인 시장이 정체기를 맞으며 NFT에도 영향을 주는 듯하다. 그렇다고 흥행하는 NFT가 없느냐? 그것도 아니다. 화제를 모으며 흥행하는 NFT들이 보이고 있다. 최근에는 아트블록 NFT가 흥행하고 있다. 크리스티 경매에서 고가로 시작했음에도 불구하고, 완판 릴레이를 보여줬다. 오픈씨에서 아트블록 NFT 카테고리가 따로 생겼을 정도다.

다만 주의해야 할 점은 위기를 기회 삼아 하는 도박은 삼가야 한다는 것이다. 난세에 영웅이 탄생한다지만, 이런 때를 틈타 각종 스캠 프로젝트가 나오기도 한다. 따라서 이럴 때일수록 충분히 시간을 갖고 판단해 구매해야 한다.

주식시장에서 주로 하는 말이 있다. 'High Risk, High Return(위험이 높으면, 수익이 높다)'이다. 그러나 NFT시장에서는 피해야 할 말이다. 'Low Risk, High Return(위험이 낮고, 수익이 높다)'을 추구해야 한다. 이런 위기의 때이면 항상 위기를 활용해 사기를 치려는 사람들이 나오기 마련이다. 마을을 돌아다니며 할아버지, 할머니들의 돈을 끌어모았던 다단계 사기처럼 말이다.

'High Risk, High Return'은 사람들이 유혹당하기 쉬운 말이다. 지금 NFT가 기회인 것은 맞으나, 이럴 때일수록 더욱 돌다리도 두드려보고 건너야 한다.

위기는 변화를 동반한다 ■■■■

최근 국내 NFT시장에도 변화의 바람이 불고 있다. 새로운 캐릭터를 만들기보다는 기존에 대중의 관심을 받았는 캐릭터 IP를 사용하는 추세가 늘어나고 있다. 얼마 전 드림웍스Dreamworks의 애니메이션인 트롤 캐릭터가 NFT로 나온다는 기사를 본 적이 있다. 갈라게임즈Gala Games와 협업해 발행되는 NFT였다. 이 NFT를 구매하면 메타버스 게임인 복스버스VOXverse에서 이용할 수 있다고 한다. 친근한 캐릭터를 보고 귀여워서 구매를 고려해본 적이 있었다.

이렇듯 NFT시장은 계속 변화한다. 매일 체크할 것이 넘쳐난다. 집필 중에도 미국증권거래위원회SEC에서 유가랩스의 증권성 조사가 시작될 것이란 기사를 접했다. 누구나 아는 NFT인 BAYC가 증권으로 분류된다면 어떻게 될까? 법적 보호를 받고, 증권성을 인정받아 담보로 활용될 수 있을 것이다. 그러나 잃는 것도 많을 것이다. 블록체인의 가장 큰 장점은 '탈중앙화'였다. 그런데 증권으로 분류되면 다시금 '중앙화'가 되는 것이다.

이렇듯 NFT시장은 끊임없이 변화가 일어나고 있다. 이런 시장에 '하이 리스크, 하이 리턴'이라며 쉽게 뛰어들었다가는 큰 피해를 보기 십상이다.

최근 흥행하고 있는 아트블록 NFT 카테고리(출처: 오픈씨 홈페이지)

대중의 관심을 받는 캐릭터 IP가 NFT로 나오고 있다(출처: 갈라게임즈 홈페이지)

④
지금, 이 NFT에
주목하라

누구나 아는 '밈'을 소유하라 ■■■■

MZ세대에게 밈 문화는 익숙하다. 웃기고 귀엽거나 엽기적인 사진, 그림 등을 이모티콘처럼 사용하기도 한다. 만약 이 문화의 핵심을 파고들어 '취향 저격'에 성공한다면, NFT 상위에 랭크될 수도 있을 것이다. 인터넷에서 〈재앙의 소녀〉라는 이미지를 본 적이 있을 것이다. 이 이미지는 NFT로 발행되어 180이더리움(2022년 8월 기

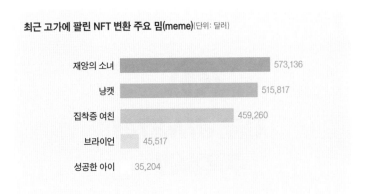

최근 고가에 팔린 NFT 변환 주요 밈(meme)(단위: 달러)

재앙의 소녀	573,136
냥캣	515,817
집착증 여친	459,260
브라이언	45,517
성공한 아이	35,204

출처: 스태티스타

준 약 9억 원 상당)에 거래됐다. 이렇듯 '취향 저격'에 성공하면 큰돈을 벌기도 한다.

MZ세대는 이런 예술에 대한 가치를 이해하고 있고, 추억의 밈을 소유하고자 한다. 그들은 본인이 소장한 작품이 알려지는 것을 기쁘게 여기며, 소유의 가치를 다르게 해석한다.

스마트폰으로 언제 어디서든 볼 수 있으며, 내 작품의 소유권 증명도 쉽게 할 수 있다. 명품, 고가의 자동차가 아닌 값비싼 NFT를 구매해 플렉스하기도 한다. 인스타그램에 PFP를 올려 정식으로 등록해 인증도 할 수 있다. 누구나 아는 밈을 구매하고 내 소유라는 것을 아주 쉽게 증명할 수 있는 시대가 온 것이다.

약 9억 원에 거래된 대표적인 밈 '재앙의 소녀'(출처: 데이브 로스)

'냥캣'은 GIF 이미지 형태로 움직이는 밈이다(출처: 'Nyan Cat' 유튜브)

무료 민팅 전성시대 ■■■■

NFT시장의 트렌드는 급변하며 유저들의 취향도 계속 달라진다. 때마다 선호하는 체인이 바뀌기도 하고 폴리곤에서 솔라나로, 다시 이더리움으로 시장은 빠르게 변화하고 유저들의 니즈도 시시각각 달라진다.

이런 시장에서 최근 무료 민팅이 등장하고 이게 대세인 것처럼 우후죽순 생겨나고 있다. 기존에 민팅을 해서 얻는 판매 대금을 포기하고 NFT 거래수수료로 이익을 얻어 수익을 만드는 것으로 보인다. 무료 민팅이라고 해도 소량의 가스비(수수료)가 든다.

최근 무료 민팅을 진행한 NFT 중 가장 유명했던 걸 소개하겠다. NFT시장에 무료 민팅 전성시대를 열었던 대표 주자라고 해도 과언이 아니다. 바로 '고블린타운Goblin Town'이다. 물론 기괴하고 볼품없는 형상을 하고 욕을 하는 고블린들이 내 취향은 아니다.

고블린타운은 현재 NFT 생태계를 욕하며, 기존의 로드맵 등 NFT 시스템을 풍자했다. 그리고 도메인에도 욕을 남발했다. 고블린타운은 무료로 민팅을 진행했는데, 그 결과 최고가가 7이더리움에 달했다. 이로 인해 NFT시장은 적지 않은 충격을 받았다.

제2의 고블린타운을 꿈꾸는 후발대들은 유료 민팅에서 무료 민팅으로 전환하기도 했다. 무료 민팅이라는 새로운 트렌드를 만들어낸 것이다. 이렇듯 MZ세대의 유입이 많은 NFT시장의 변화를 감지하는 것도 필수 덕목 중 하나다.

NFT 마케팅에 진심인 명품 브랜드 ▮▮▮▮

NFT 기술은 명품 브랜드에도 파고들고 있다. 명품 브랜드들은 대세를 따라 속속 NFT 대열에 합류하고 있다.

가장 빠르고 신선한 행보를 보여주고 있는 건 구찌GUCCI다. 2022년 5월 기준 미국 일부 매장에서 암호화폐 결제를 시행한다고 발표했고 비트코인, 비트코인 캐시, 이더리움, 라이트코인, 도지코인 등 10종의 암호화폐를 결제 수단으로 허용했다.

2021년 5월 구찌는 크리스티 경매를 통해 구찌의 크리에이티브 디렉터 알렉산드로 미켈레Alessandro Michele와 영화감독 플로리아 시지스몬디Floria Sigismondi와 협업을 통해 디지털 아트를 선보였다. 1152×1152 사이즈의 4분 5초짜리 영상은 2만 5천 달러(약 2,800만 원)

에 입찰되며 화제를 일으켰으며 판매 수익금은 유니세프에 기부되었다.

구찌는 한 발 더 앞서 슈퍼플라스틱과 콜라보해 NFT컬렉션인 'GUCCI&SUPERPLASTIC Collaboration'도 출시했고 2022년 2월 1일 오픈과 동시에 빠르게 완판되었다. 구찌의 NFT는 메타버스로 가는 첫걸음이라고 발표해 많은 사람이 추후 펼쳐질 로드맵에도 많은 기대를 안고 있다. 명품 브랜드에서 가장 빠르게 NFT에 진입하고 있는 구찌는 명품 NFT의 가능성을 보여줬다고 생각한다.

2021년 루이비통은 창립 200주년 기념 3D 어드벤처 게임인 '루이 더 게임Louis the Game'을 출시했다. 디지털 아티스트 '비플'이 참여했고, 30개의 NFT를 발행했다. 이 게임은 루이비통의 브랜드를 살린 디자인과 게임 인터페이스로 구현되어 좋은 평가를 받았다. 참여자들은 게임에서 미션을 수행하고 NFT를 보상으로 받을 수 있다. 추후 이 NFT는 루이비통 NFT 컬렉션 등에서 활용될 예정이다.

게임이 흥행하면서 루이비통 측은 확장판도 출시했으며 10개의 NFT도 추가 발행했다. 벌써 누적 앱 다운로드가 200만 회를 달성했다고 하니 대단한 흥행이다. 명품 브랜드들이 발 빠르게 NFT시장에 진입하고 있다. NFT는 유행이 아닌 대세이자 흐름이라는 것을 잘 보여주는 예라고 생각한다.

거대한 멤버십을 보유한 스타벅스 NFT ▪▪▪▪

스타벅스의 CEO 하워드 슐츠Howard Schultz는 당시 매장 11개였던 스타벅스를 전 세계 77개국 2,800여 개의 대형 기업으로 키워낸 전설적인 인물로 꼽힌다. 최근 스타벅스에 그가 다시 돌아왔다. 매장에 직접 가지 않고도 음료를 미리 주문할 수 있는 기능인 '사이렌오더'를 만들어 스타벅스를 핀테크 회사로 탈바꿈시킨 그는 또 한 번의 도전인 '스타벅스 NFT'를 발표했다.

스타벅스 NFT는 새로운 커뮤니티 구축과 스타벅스 기존의 멤버십을 더 강화하게 될 것이라고 발표했다. 이미 스타벅스는 팬덤 고객층이 확보된 상태이고, 미국에만 3,000만 명이 넘는 멤버십 회원을 보유하고 있으므로 예고된 흥행이 아닐까 감히 추측해본다.

스타벅스를 이용하는 많은 고객은 앱을 이용하는 것에 전혀 불편함이 없으며, 모바일로도 주문하고 결제하는 것에 익숙하다.

그리고 시즌마다 내놓는 굿즈는 흥행하고 있으므로 NFT도 굿즈로 인식해 구매하게 될 거란 예측이 지배적이다. 하워드 슐츠는 이미 많은 혁신을 보여줬었다. 그가 내놓는 스타벅스 NFT가 어떤 레전드 사례를 만들지 기대된다.

2022년 9월 12일 스타벅스는 NFT 기반 로열티 프로그램 '오디세이Odyssey'의 구체적인 내용을 공개했다. 기존 스타벅스 리워드 로열티 프로그램과 NFT 플랫폼을 결합한 형태다. 로열티가 있는 고객들이 커뮤니티를 구축하며 리워드를 벌 수 있는 경험이 강조됐다. 회원들은 리워드의 일종인 '여정Journey'을 완성하면 NFT로 보상을 받게 된다.

보상으로 받은 스탬프는 희소성에 따라 사고팔 수도 있다. 스탬프 수집과 함께 리워드 포인트는 증가하며 가상 에스프레소 마티니 만들기 클래스, 독점 행사 초대, 코스타리카에 있는 스타벅스 커피 농장 여행 등을 포함한 고유한 혜택을 제공할 예정이라고 한다.*

---

* 황치규, '스타벅스, NFT 기반 로열티 프로그램 오디세이 공개… 어떻게 운영되나', 디지털투데이, 2022년 9월 13일

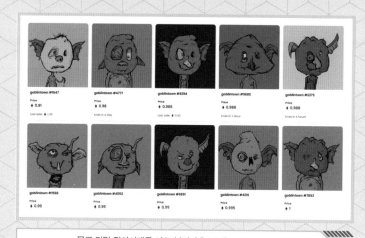

무료 민팅 전성시대를 연 '고블린타운 NFT'(출처: 오픈씨 홈페이지)

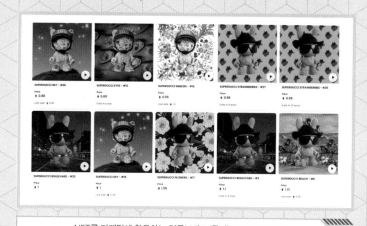

NFT를 마케팅에 활용하는 명품브랜드 '구찌'(출처: 오픈씨 홈페이지)

루이비통은 게임을 통해 NFT를 모을 수 있게 했다(출처: 루이비통 홈페이지)

오디세이의 화이트리스트 등록 화면(출처: 스타벅스 홈페이지)

현재 NFT는 사람들이 몰리는

곳에서 성행하고 있다.

'밈'처럼 많은 사람이 사용할수록

NFT의 가치는 계속 올라간다.

그래서 큰 커뮤니티를 보유한 곳일수록

NFT에 주목해야 한다.

⑤ 앞으로 NFT가 해결해야 할 과제

현재 NFT가 직면한 문제들이 많다. '루나 사태'*와 같은 일로 인해 코인시장을 향한 투자자들의 발걸음이 주춤해졌다. 한국에서 발행한 코인 및 NFT시장이 위축된 계기라고 생각한다. 많은 프로젝트가 진행되고 있지만, 흥행을 하지 못하는 프로젝트도 많아지고 있다. 어쩌면 지금은 NFT가 잠시 외면받는 시기일지도 모른다.

---

* 루나코인이 하루 만에 99% 폭락해 많은 사람이 피해를 본 사건이다.

그러나 언제든 NFT는 다시 위상을 되찾을 것이다. NFT가 더욱 성장하기 위해서는 당면한 문제들을 해결해야 한다. 여기서는 당면한 몇 가지 과제를 짚고 넘어가겠다.

세분화된 NFT 입법이 이뤄져야 할 때 ▪▪▪▪

한국은 NFT와 관련된 입법이 이제 막 이뤄지고 있다. 그래서 시장은 혼돈의 시기를 지나고 있다. 미국의 움직임에 따라 국내외 NFT 규제에도 많은 변화가 이뤄지고 있다. 최근 미국증권거래위원회에서 다수의 NFT에 대한 '증권성 여부'를 조사한다는 뉴스가 보도된 적도 있다. 이런 흐름이 국내 규제에도 많은 영향을 끼칠 것이라고 생각한다.

미국증권거래위원회 위원인 헤스터 피어스Hester Peirce는 2021년 12월 "NFT시장의 성장과 함께 NFT 중 일부는 SEC의 규제 관할에 속할 수 있다."라고 말했다. 개인적으로 NFT는 여러 가지 카테고리가 있기 때문에 모두 투자 목적이 있다고 말할 수 없다고 생각한다. 그렇기에 구매자들을 보호하기 위한 NFT 카테고리별 세분화된 입법이 필요하다.

그렇다면 NFT가 증권으로 인정될 경우 어떻게 될까? 앞에서도 다뤘듯 NFT의 특징 중 하나는 '탈중앙화'다. 만약 NFT가 증권으로 인정되면 중앙기관의 관리를 받게 된다. 즉 '탈중앙화'라는 특성이 매력적이었던 블록체인과 NFT가 규제와 감시를 받는 체계 안에서 어떻게 될지 걱정되는 부분도 있다.

NFT가 만약 증권으로 인정된다면 현행 자본시장법을 따라야 할 것이다. 이에 따라 각종 NFT 프로젝트에 규제가 뒤따를 것이다. 물론 규제와 함께 규제와 함께 각종 세금 문제도 함께 대두될 것이다. 하지만 그만큼 권리를 보장받을 수 있을 것이란 기대도 해본다.

NFT와 저작권 ▰▰▰▰

NFT를 발행할 때 지적재산권에 관한 이슈도 빈번하게 발생하고 있다. 사진, 그림 등 이미지를 무단으로 사용하거나 작가의 허락 없이 NFT로 발행하는 사례가 발생하고 있다. 이는 단순한 문제가 아니고, 저작권법 위반으로 형사 처벌을 받을 수 있는 사안이다.

아직 이렇다 할 NFT 관련 법규가 마련되어 있지 않은 상황이다. NFT 구매자와 원저작권자를 어떻게 보호할 것인가 논쟁이 이어지고 있다. 저작권 관련 이슈로 글로벌 NFT 마켓플레이스들도 많은 시행착오를 겪고 있다.

2021년 12월 오픈씨에는 명품 에르메스의 '버킨백' 형상을 한 '메타버킨스MetaBirkins'라는 NFT가 등장했다. 이 NFT는 많은 인기를 얻었고 약 79만 달러(한화 약 10억 원) 정도가 팔렸다. 그러나 에르메스 측은 해당 브랜드와 협의되지 않은 NFT 발행이라고 반발했다.

2022년 9월 에르메스는 메타버스, 암호화폐, NFT 관련 상표권을 출원했고 NFT 창작자와의 소송을 진행했다. 따라서 NFT 구매 시 IP, 상표권 등의 이슈가 해결된 NFT인지 신중한 확인이 필요하다.

저작권 이슈에서 조금 너그러운(?) NFT도 있다. 대표적으로 BAYC의 경우 2차 창작권을 허가함으로써 그 생태계가 확장되고 있다. 오픈씨에만 들어가봐도 다양한 BAYC를 확인해볼 수 있다. 재밌는 사례로는 '보어드앤헝그리Bored&Hungry'를 들 수 있을 것 같다. BAYC #6184를 테마로 한 햄버거 레스토랑이다. 캘리포니아에서 운영했으며, 2022년 현재 서울 2호점을 계획하고 있다고 한다.

해당 브랜드와 협의 없이 발행된 '메타버킨스'(출처: 오픈씨 홈페이지)

BAYC는 2차 창작권을 허가해 생태계가 확장되고 있다(출처: Food Fighters Universe)

스캠, 러그풀 등 사기 문제 ■■■▮

 각종 스캠도 해결해야 할 문제라고 생각한다. NFT 내 발생하는 사고들을 예방하려고 노력하지만, 아직은 역부족인 상황이다. 최근 진행했던 프로젝트 중 홀더(NFT 구매자)들의 지갑에 알 수 없는 NFT가 전송되었고, 익숙하지 않은 환경에서 버튼을 잘못 눌러 NFT가 전송된 사례도 있었다.

 민팅을 진행할 때도 재단 측에서 제공한 URL 링크를 순식간에 카피해 한 글자씩 바꾼 후 운영진인 척 교묘하게 배포해 속이는 방식도 여러 번 있었다. 따라서 꼭 공식 사이트와 커뮤니티 링크만 접속해야 한다.

 특히 오픈씨에는 시스템이 익숙하지 않은 홀더들을 공략한 사례가 많다. 유명 프로젝트와 같은 NFT를 세팅하고, URL도 한 글자씩 변경해 게시하면 전문가들도 헷갈린다. 그리고 NFT를 판매할 때 오퍼를 넣어 판매하기도 하는데 이걸 악용하는 사례도 있다. 160,001클레이를 160.001클레이로 오퍼를 넣고 판매자를 속이는 것이다.

기존 유저들은 이런 사기에 내성이 생겼지만, 새로 진입하는 유저들은 조심해야 한다. 그래서 최근 진행되는 프로젝트는 2중, 3중으로 안전장치를 마련하려고 노력한다.

지금은 NFT가 잠시 외면받는

시기인지도 모른다.

그러나 언제든 NFT는

다시 위상을 되찾을 것이다.

그러기 위해선 당면한 문제를 해결해야 한다.

NFT가 일상이 되는 날을 꿈꾸며

NFT에 정답이라는 게 있을까? 시시각각 변해가는 시장 분위기와 바뀌는 주력 체인들, 끊임없이 유입되는 신규 아티스트와 기업들까지. NFT는 끝없이 공부하고 최신 정보를 습득해야 한다는 걸 매번 느낀다.

문화 기획자로 시작해 NFT 기획자가 되기까지, 한정된 정보로 어려움을 겪을 때가 많았다. 벽에 부딪힌 기분이 들 때도 있었다. 당시 한국에서 NFT가 너무 생소했을 때라 새로운 걸 만들어내는 것 같기도 했다. 많은 시행착오가 있었고, NFT를 만들며 좋은 추억을 쌓기도 했다.

NFT는 현재 대학에 전공이 존재하지는 않는다. 그래서 NFT 관련 전문가를 찾기 힘든 실정이다. 그러나 한편으론 이런 사실이 자부심을 갖게 만들기도 한다. 나는 직원 면접 때마다 이렇게 말한다.

"NFT 관련 일을 하는 게 처음에는 어렵고 익숙하지 않을 겁니다. 그러나 어떤 면에서는 우리가 시작이 될 수 있으며, 이 여정에는 보람이 따를 겁니다."

아직 NFT는 초기다. 지금 NFT에 뛰어든 사람은 NFT의 초기 세대가 될 것이다. 그래서 나는 직원들도 이런 자부심을 가졌으면 좋겠다.

그렇다면 NFT는 지금이라도 시작해야 할 블루오션일까? 이에 대한 답은 NFT를 이용하는 방법에 따라 달라진다고 생각한다. 다만 내가 강조하고 싶은 건 NFT의 구입은 항상 신중해야 한다는 것이다. 구입 후에도 계속 변화하는 흐름을 파악해야 한다. 현직에 있는 나조차도 어제와 오늘이 다른 걸 매일 실감한다.

우리는 웹 2.0에서 웹 3.0 시대로 변하는 시대에 살고 있다. 지금은 어렵고 복잡하다고 생각할 수 있다. 그러나 웹 2.0이 그랬던 것처럼 웹 3.0은 우리 생활 속으로 파고들 것이다.

이 책을 처음 쓰기 시작했을 때 NFT시장은 많은 것이 변하고 있었다. 그리고 현재도 끊임없이 사건, 사고가 일어나고 있다. 굳건했던 이더리움의 NFT 트랜잭션을 솔라나가 추월하는 일(2022년 9월 21일 기준)도 있었고, NFT 무료 민팅이 유행하기도 했다. 현재 NFT는 경제 침체로 잠시 얼어붙어 있다. 그러나 언제 그랬냐는 듯 활성화되고 꽃을 피우는 날이 곧 다가올 것이라고 생각한다.

이 부족한 글이 변화무쌍한 NFT시장에 입문하는 분들에게 미약하나마 도움이 되었으면 한다. 마지막으로 이 책을 만들며 자료 조사와 감수를 도와준 김하림 님께도 감사의 인사를 전하고 싶다. 부족한 저를 믿어주시고 관련 프로젝트를 맡겨주신 임도형 부사장님, 박성재 대표님께도 존경과 감사의 말씀을 전하고 싶다. 전부 언급할 순 없지만, 많은 분의 도움이 있었음을 밝힌다.

NFT 입문부터 지금까지 내가 성장할 수 있도록 도와주고 함께 해

준 모든 분에게 감사의 말씀을 전하고 싶다.

유상희

입문자를 위한 Q&A

Q1. 지금 NFT를 시작하는 건 늦은 게 아닐까요?

NFT를 지금 시작하는 건 늦은 게 아니냐는 질문이 많습니다. 그러나 저는 오히려 반대라고 생각합니다. 겉으로만 보면 늦었다고 생각할 수 있습니다. 왜냐하면 투자에만 초점을 맞춘 사람들이 NFT에 대해 안 좋은 이야기를 많이 하기 때문입니다.

하지만 NFT는 투자대상으로만 봐서는 안 됩니다. 웹 3.0 시대를 선도하는 기술이라고 생각해야 합니다. 이 기술은 앞으로도 다양하게 쓰일 예정입니다. NFT가 성장하는 건 불 보듯 뻔한 일이죠. 한번 관심을 갖고 NFT의 세부 카테고리를 관찰해보세요. 그리고 객관적인 판단을 해보면 NFT의 미래가 비관적이지 않다는 사실을 알게 될 겁니다.

Q2. 왜 NFT를 해야 하죠?

책 본문에서 설명한 것처럼, 지금 웹 2.0에서 웹 3.0으로 빠르게 변하고 있습니다. 거기에 NFT가 활발하게 사용되고 있고요.

그리고 많은 기업이 NFT를 활용한 프로젝트를 선보이고 있습니다. 또한 메타버스가 부각되면서 현실세계에 있던 것들이 가상세계로 옮겨가고 있습니다. NFT는 우리가 생각하는 것 이상으로 다양한 카테고리로 이뤄져 있습니다. 다양한 카테고리가 실생활에 접목되어 대중화되고 있는 시점입니다.

Q3. NFT는 좋은 투자처인가요?

이건 아주 중요한 질문이라고 생각합니다. 그리고 NFT에 관심을 가진 사람이라면 한 번쯤 고민해볼 질문이라고 생각합니다. 많은 사람이 NFT를 그저 투자대상으로만 보는 경향이 있습니다. 그러나 생각보다 NFT시장에는 많은 위험이 도사리고 있습니다. 현재 관련 규제도 마련되어 있지 않은 상태이고요. 또한 시장은 계속해서 급변하고 있습니다. NFT에 막 입문한 사람이 투자를 생각한다는 건 어려운 일이라고 생각합니다.

다만 NFT 입문자분들에게 권하고 싶은 건 NFT의 옥석을 가릴 수 있어야 한다는 점입니다. 앞서 말한 것처럼 NFT시장은 계속 급변하고 있습니다. 이런 혼돈 가운데 좋은 NFT를 선별할 수 있는 능력을 갖춰야 합니다. 저도 여러 NFT를 보유하고 있지만, 손해를 볼 때도 있습니다. 전문가들도 그런데 입문자분들은 어떨까요? 몇 년 전에는 NFT 민팅에만 성공해도 어느 정도 수익을 볼 수 있었습니다. 그러나 현재는 다릅니다.

Q4. MZ세대가 NFT에 열광하는 이유는 무엇인가요?

NFT 자체가 MZ세대의 관심사들로 똘똘 뭉쳐있기 때문인 것 같습니다. 밈, 게임, 소액투자, 한정판 등은 MZ세대가 좋아하는 키워드입니다. MZ세대는 새로운 것에 도전하는 걸 좋아합니다. 새롭게 부각되는 기술인 NFT를 좋아할 수밖에 없습니다. 북미시장의 경우 밈이 NFT로 발행되면서 MZ세대의 이목을 끌었습니다. 재미를 중시하는 소비자를 펀슈머(Fun과 Consumer의 합성어)라고 합니다. 기업은 MZ세대의 이런 특성을 공략하기 위해 재밌는 NFT를 만들고 있습니다.

Q5. NFT가 혁신적인 기술인 이유는 뭔가요?

현재 우리는 거의 모든 걸 온라인상에서 할 수 있습니다. 그러나 기존 온라인상에서는 내가 가진 디지털 소유권을 증명하기 어렵습니다. 내 소유의 사진이라고 해도, 다른 사람이 복제해서 가질 수 있죠. NFT 기술은 내가 찍은 사진, 음악, 그림 등의 소유권을 쉽게 증명할 수 있게 해줍니다. 이제 누구의 파일이 원본인지 쉽게 증명이 가능해진 것이죠. 이를 활용해 거래 내용과 관련 증빙도 쉽게 이뤄지게 되었습니다. 개인 간의 거래가 쉽고 안전하게 이뤄질 수 있는 것이죠.

Q6. '블록체인, 메타버스, NFT'는 서로 어떤 관계가 있나요?

먼저 가장 넓은 범위인 메타버스를 설명해야 할 것 같습니다. 메타버스는 가상세계를 말합니다. 현재 현실세계가 가상세계로 점점 옮겨지고 있죠. 이때 메타버스에서 재화로 사용되는 게 NFT입니다. 말 그대로 '대체 불가능한 토큰'이기 때문에 위변조가 불가능합니다. 예를 들어 메타버스에서 사용될 자동차를 만든다고 해봅시다. 그러면 그 자동차 안에 수많은 부품이 들어갈 겁니다. 그

부품들 하나하나를 NFT로 만드는 겁니다. NFT는 블록체인 기술을 기반으로 만들어졌습니다. 블록체인에 대한 설명은 책 본문을 보시면 자세히 아실 수 있습니다.

Q7. NFT를 만들고 거래하는 게 어렵진 않나요?

NFT를 만드는 방법은 어렵지 않습니다. 내가 만들고자 하는 NFT를 기획해 발행하면 됩니다. NFT를 발행하는 방법은 이미 많은 사이트에 나와있습니다. 이 책 본문에도 나와있고요. 저는 발행보다는 무엇을 만들지 기획하는 단계와 이후 디자인 단계가 더 어려운 것 같습니다. 어떤 NFT를 만들지, 그 NFT가 대중에게 인기를 끌 수 있을지 고민하는 단계가 더 중요할 것입니다.

이 책에는 거래방법과 지갑을 만드는 방법도 나와있습니다. 그리고 NFT를 만들 때 참고하면 좋은 사이트도 나와있습니다. 이것들을 활용한다면 NFT를 제작하실 때 많은 도움이 되실 겁니다.

NFT의 특징 중 하나는 프로젝트와 관련된 커뮤니티가 자연스럽게 조성된다는 점입니다. 홀더들은 NFT를 구매하기에 앞서 관련된 정보를 수집하려고 합니다. 그리고 유튜브, 트위터, 디스코드 등 커뮤니티를 활용합니다. 커뮤니티의 유저들에게 의견을 구하기도 합니다. 보통 NFT 커뮤니티는 24시간 활발하게 활동합니다. 구매 예정자와 구매자들은 커뮤니티 안에서 자유롭게 의견을 나눕니다. 그리고 '모더'라고 불리는 운영자에게 직접 질문을 할 수도 있습니다.

이런 생태계는 기업 입장에서는 마케팅에 효율적일 수 있습니다. 그래서 기업들은 브랜드 IP를 이용해 시장에 진입하는 경우가 많습니다. 이런 NFT를 접한 소비자는 직접 해당 내용을 찾아보고 경험할 확률이 높습니다. NFT는 다양한 방법으로 대중화되고 있습니다. 공연 티켓, 아트 NFT, 제품의 교환을 목적으로 하는 NFT, 멤버십 형태의 NFT 등 새로운 방식들이 생겨나고 있습니다.

NFT를 살 때는 마치 물건을 살 때처럼 꼼꼼하게 따져봐야 합니다. 우리는 어떤 물건을 살 때 성분이나 제조사 등을 보고 구매합니다. 이처럼 NFT도 작가, 주최하는 기업의 정보, 로드맵 등을 따져봐야 합니다. 관련 커뮤니티의 분위기를 살펴보는 것도 좋은 방법입니다. 사람들의 관심도에 따라 흥행 여부가 결정되기 때문이죠. 블록체인시장의 분위기를 파악하는 것도 중요합니다. 기반이 되는 코인의 가격이 갑자기 하락한다면 낭패를 볼 수 있습니다.

NFT시장은 분명 기회가 많습니다. 그러나 그에 따른 위험도 있습니다. 엄청난 성장과 함께 성장통을 겪고 있는 셈입니다. 누구의 말만 따르지 말고, 정보를 객관적으로 확인해 구입하는 게 필요합니다.

Q10. 최근 NFT시장이 정체된 것 같습니다. 다시 살아날 수 있을까요?

NFT의 초기에는 NFT를 발행만 하면 어느 정도 인기를 끌었습니다. 그래서 무분별한 발행이 있었고 러그풀도 많았습니다. 그때

와 비교하면 지금 NFT시장은 정체되었다고 말하는 사람들도 있습니다. 그러나 이건 상대적인 평가라고 생각합니다. 이 시기도 오래지 않아 지나갈 거라고 말하는 사람들도 많습니다.

언론에서는 NFT시장의 침체에 대해 다룰 때가 많습니다. 하지만 블루칩 NFT들(BAYC, Azuki 등 인기 NFT)은 그 자리를 굳건하게 지키고 있습니다. 그리고 기업들의 NFT시장 진출은 계속되고 있습니다. 이렇게 NFT가 대중화된다면 마켓 사이즈는 확장될 것이고, NFT도 다시금 큰 인기를 끌게 될 것입니다.

참고 사이트

1. NFT 거래소

오픈씨 opensea.io (세계 최대 규모의 NFT 거래소)

룩스레어 looksrare.org (오픈씨처럼 종합 NFT 거래소)

매직에덴 magiceden.io (솔라나체인 기반의 NFT 거래소)

위의 3개의 거래소는 최근 거래량이 가장 많았던 거래소다.

니프티게이트웨이 niftygateway.com (NFT 아트 거래소)

슈퍼레어 superrare.com (NFT 아트 거래소)

파운데이션 foundation.app (NFT 아트 거래소)

클립드롭스 klipdrops.com (카카오 계열의 국내 NFT 거래소)

팔라스퀘어 pala.io/square (수수료가 저렴한 NFT 거래소)

2. NFT가격 및 거래량 조회

크립토아트 cryptoart.io (아트 전문 NFT 사이트)

Evaluate.market evaluate.market (글로벌 NFT 거래량 및 가격 조회)

NFT캘린더 nftcalendar.io (민팅 일정 조회)

Howrare howrare.is/drops (민팅 일정 조회)

3. 신규 NFT 정보

레얼리티툴스 rarity.tools (민팅 및 판매 예정 NFT 조회)

넥스트드롭 nextdrop.is/upcoming-nft-drops (민팅 및 판매 예정 NFT 조회)

4. 블록체인 거래소 및 시세 조회

코인마켓캡 coinmarketcap.com (코인 시세 검색)

바이낸스 www.binance.com (글로벌 코인 거래소)

빗썸 www.bithumb.com (국내 코인 거래소)

업비트 upbit.com (국내 코인 거래소)

코빗 exchange.korbit.co.kr (국내 코인 거래소)

댑레이더 dappradar.com/nft (NFT 거래 시세 조회)

코인개코 www.coingecko.com/en/categories/non-fungible-tokens-nft

(NFT 관련 코인 거래 가격 확인)

꼭 알아야 할 NFT

NFT를 이야기할 때 모르면 안 되는 NFT를 소개하려고 한다. 대부분 오픈씨 랭킹 상위를 차지하고 있다.

크립토펑크

PFP의 시초라고 평가받는 크립토펑크는 이미 최고가 NFT를 이야기할 때 빠질 수 없는 NFT다. 소더비, 크리스티 경매 등 고가품 경매시장에서 거래될 정도로 높은 가격이 형성되어 있다. 시초 PFP로 평가받고 있어 시장의 하락에도 가격을 굳건히 유지하고 있다.

BAYC

BAYC는 유가랩스의 대표적인 NFT다. PFP 중에 가장 핫하고 영향력 있는 커뮤니티를 갖고 있다. 많은 글로벌 셀럽이 BAYC를 소유하고 있는 것으로 유명하다. BAYC의 '제네시스 혜택(NFT를 보유하고 있는 홀더들에게 주는 혜택)'은 지금까지 발행되고 있는 NFT의 근본처럼 여겨지고 있다. BAYC를 지속적으로 보유한 홀더들에게 MAYC, BACK, APE코인 등을 에어드랍해주는 혜택을 줬다. 이를 통해 BAYC와 연계된 NFT들도 상위 랭킹을 지키고 있다.

아더디드

Otherdeed for Otherside ✅

아더디드는 유가랩스에서 야심차게 준비하고 있는 메타버스 프로젝트다. 민팅 당시 APE코인으로 결제가 이뤄졌는데, 가스비가 폭주하는 사태가 일어날 정도로 엄청난 히트를 쳤다. APE코인은 이더리움 메인넷을 사용했는데, 이용자가 많을수록 가스비가 올라가는 현상이 일어나기도 한다.

MAYC

Mutant Ape Yacht Club ✅

MAYC는 BAYC의 세계관 확장 프로젝트다. 물약을 먹고 변이된 BAYC의 모습을 하고 있다. 랭크 상위권을 유지하고 있으며, BAYC 홀더들에게 에어드랍되었다.

BAKC

Bored Ape Kennel Club ✅

BACK는 BAYC의 세계관 확장 프로젝트다. BAYC의 반려견으로 불리며 BAYC 홀더들에게 에어드랍되었다.

클론엑스

CLONE X - X TAKASHI MURAKAMI ✅

3D PFP라고 하면 가장 먼저 언급되는 게 클론엑스다. 제작사 아티팩트(RTFKT)를 나이키가 인수하면서 더욱 유명해졌다. 일본의 팝아트 장인으로 불리는 무라카미 다카시가 참여한 프로젝트로 화제가 되기도 했다. 패션에 관심이 많다면 클론엑스를 알아둘 필요가 있다. 메타버스에서 디지털 아바타로 활용할 계획도 포함되어 있고, 나이키와 협업도 기대된다.

아즈키

AZUKI Azuki ✅

메타버스에 관심이 있다면 아즈키에 주목해보자. 아즈키는 일본 애니메이션 화풍으로 발행된 NFT 중 하나다. 아즈키 홀더들은 제네시스 혜택으로 빈즈 컬렉션이라는 NFT를 에어드랍 받았으며, 이 프로젝트도 현재 오픈씨 상위에 랭크되어 있다. 아즈키는 ERC-721A라는 새로운 이더리움 표준을 개발했다. 이를 통해 민팅 시 가스비를 절감할 수 있게 되었다. 오픈 소스로 공개되어 이미 많은 프로젝트가 ERC-721A 표준으로 민팅을 진행했다.

NFT 셀럽들의 커뮤니티라고 평가되는 프루프(Proof)에서 파생된 NFT다. 프루프는 크립토펑크 148개를 소유해 NFT시장에서 엄청난 부와 명예를 가진 집단으로 평가받는다. 문버드의 흥행은 사실 시작부터 예견되어 있었던 것이나 마찬가지다. 프루프 커뮤니티에서 우선 민팅권을 줬으며, 엄청난 민팅 가격에도 불구하고 완판됐다(당시 민팅 가격은 천만 원에 가까웠다). 민팅 후에는 가격이 5배나 폭등해 또 한 번 이슈가 됐었다. 문버드는 장기 홀더들에게 스테이킹, 에어드랍 등 혜택을 제공할 예정이다.

NFT의 조상이라고 일컬어지는 대퍼랩스의 크립토키티 프로젝트팀이 참여한 NFT다. 이것만으로도 엄청난 이슈를 끌었다. 거버넌스 생태계를 주도하는 프로젝트라고 말할 수 있으며, NFT로 커뮤니티에서 제안도 가능하며 투표권도 행사할 수 있다. 실제 홀더들이 NFT 생태계에 많은 역할을 수행하고 커뮤니티가 프로젝트를 이끌고 있다. 이 커뮤니티는 두들뱅크(Doodlebank)라고 불린다.

고블린타운

고블린타운은 당시 NFT시장을 풍자하
며 등장했다. "No Price, No Roadmap,
No Utility"를 외치며 엄청난 파급력을
보여줬다. NFT시장의 약세에도 불구하고 무료 민팅을 진행했고, 당당히 오픈씨에서
거래량 1위에 랭크됐었다. 초기에 몇천만 원에 달하는 가격 상승을 보여주기도 했
다. 못생기고 불쾌한 골짜기를 연상시키는 고블린타운은 밈에 익숙한 MZ세대의 취
향을 저격했다. 당시 충격의 여파로 무료 민팅 프로젝트가 우후죽순으로 생겨났다.

하루 만에 끝내는 NFT 공부

초판 1쇄 발행 2022년 11월 22일

지은이 | 유상희
펴낸곳 | 원앤원북스
펴낸이 | 오운영
경영총괄 | 박종명
편집 | 양희준 최윤정 김형욱 이광민
디자인 | 윤지예 이영재
마케팅 | 문준영 이지은 박미애
등록번호 | 제2018-000146호(2018년 1월 23일)
주소 | 04091 서울시 마포구 토정로 222 한국출판콘텐츠센터 319호(신수동)
전화 | (02)719-7735   팩스 | (02)719-7736
이메일 | onobooks2018@naver.com   블로그 | blog.naver.com/onobooks2018
값 | 17,000원
ISBN 979-11-7043-358-3 (03320)